Leben unter einem einem guten Stern

Leben unter einem *guten* Stern

Inspirationen für kostbare Momente

Herausgegeben von Wolfgang Schuster

KREUZ

Spirituelle und inspirierende Texte von

Clemens Bittlinger
Barthold Heinrich Brockes
Gerhard Engelsberger · Walter Flemmer
Anselm Grün · Andreas Gryphius
Ulrich Hagenmeyer · Bert Hellinger
Hans Jellouschek · Roland Kachler
Verena Kast · Dietrich Koller ·
Jürgen Moltmann · Nossrat Peseschkian
Ingrid Riedel · Ulrich Schaffer
Bernardin Schellenberger · Dorothee Sölle
Fulbert Steffensky · Detlef Wendler
Hildegunde Wöller · Jörg Zink
und Psalmen aus der Bibel

Inhalt

Kapitel 2
Fühle die Kraft aus Gott, die wachsen will in dir

Kapitel 3
Zum Augenblicke dürft ich sagen:
Verweile doch, du bist so schön.

Kapitel 4
Die Liebe ist langmütig, freundlich und gütig

Kapitel 5
Alles bekommt Seele, alles hat seinen Wert

Kapitel 6
Einstimmen in das große Ja zum Leben

Sternstunden

Es gibt Sternstunden im Menschenleben.
Sie können so beginnen, dass zwei anfangen,
miteinander zu reden, nachdem lange Zeit
Schweigen zwischen ihnen gewesen war.
Oder so, dass sie zu einem
ernsthaften Gespräch finden,
nachdem lange Zeit das Gerede
hin und her gegangen war.
Oder so, dass nach vielen Gesprächen
einer sich ein Herz fasst und ausspricht,
was ihm zuinnerst wichtig ist,
was er glaubt, wovon er lebt.

JÖRG ZINK

Kapitel 1

Ich ließ meine Seele ruhig werden und still

Eine Einladung zur Muße

Ich möchte dich, liebe Leserin, lieber Leser, nun einladen, die Muße zu lernen und zu genießen. Beginne damit, dass du dir einfach mal Zeit nimmst, dich bequem in deinen Sessel zu setzen und zu schauen. Schaue dein Zimmer an, die Bilder, die du aufgehängt hast, die Bücher, die du im Regal stehen hast, und die Erinnerungsstücke, die dir dein Leben vor Augen halten. Genieße die Ruhe, die von deinem Zimmer ausgeht. Du wohnst dort. Du bist dort zu Hause. Aber mit dir ist auch Gott, der dein Zimmer mit seiner heilenden und liebenden Gegenwart erfüllt. Genieße es, nichts tun zu müssen. Du musst auch nicht nachdenken. Du bist einfach da. Du spürst dich selbst, deinen Atem, deine Sinne, deinen Leib. Es muss gar nichts herauskommen bei der Muße, die du dir gönnst. Lass einfach die Pläne für morgen, lass die Sorgen, die Ängste. Sie werden kommen. Du musst sie nicht verscheuchen. Aber du bist mit allem, was dich

bewegt, jetzt hier auf deinem Sessel und sagst
Ja zu deinem Leben, auch zu der Traurigkeit,
die vielleicht in dir aufsteigt. Alles darf sein.
Alles ist gut. Denn Gott hat alles gut gemacht.

ANSELM GRÜN

✦

Was ist der Mensch?

»Was ist der Mensch?«, »Wer sind wir?«, »Wo
bin ich ich selbst?«
Diese Fragen sind so alt wie der Mensch selbst,
der sich seiner selbst bewusst wird. Eine Kuh
ist immer eine Kuh. Sie fragt nicht: »Was ist die
Kuh? Wer bin ich?« Nur der Mensch fragt so
und muss offenbar so nach sich selbst und seinem Wesen fragen. Es ist seine Frage. Sie tritt
ins Bewusstsein, wenn der spontan Handelnde
auf sich selbst zurückgeworfen und über sich
selbst nachzudenken gezwungen wird. Er entdeckt dann einen Unterschied zwischen den
Gegenständen seiner Umwelt, die er bearbei-

tet, und sich selbst. Oder er entdeckt einen Unterschied zwischen seiner Lebenswelt, die er mit anderen teilt, und sich selbst in einem besonderen Schicksal, das ihn getroffen hat. Die Fragen, mit denen er die Natur oder andere Menschen zur Antwort nötigte, wenden sich dann zurück auf ihn selbst. Die Aktivität, mit der er anderes veränderte, kehrt sich um in den Erfahrungen des Leidens, durch die er selbst verändert wird. Oder er hat sich so weit in sein Geschäft, seine Familie oder politische Arbeit hineingegeben, dass er die Gefahr spürt, sich selbst zu verlieren. Man sagt dann: »Ich muss mich erst wieder finden«, oder: »Ich möchte einmal wieder zu mir selbst kommen«, oder gar: »Ich weiß gar nicht mehr, wer ich eigentlich bin«. So lauert diese Frage nach »dem Menschen« auf den Menschen in ganz alltäglichen Erfahrungen, in besonderen Situationen des Glücks und des Schmerzes und in den höchsten Reflexionen seines Bewusstseins.

JÜRGEN MOLTMANN

Du hast das Recht, nichts zu tun

Du hast das Recht, nichts zu tun.
Dein Wert hängt nicht
von deiner Leistung ab.
Du hast das Recht,
nicht erfolgreich zu sein
in der Art, wie Erfolg
meistens gemessen wird:
Besitz, Ansehen, Ruhm, Verbindungen.
Du hast das Recht,
dich nicht zu beweisen,
andere nicht überzeugen zu wollen
von deinen Fähigkeiten,
weil für dich nicht alles
ein Konkurrenzkampf ist.
Du hast das Recht,
still bei dir selbst zu bleiben
und das Leben nicht als Gegnerschaft,
sondern als Begegnung mit anderen
zu sehen.

ULRICH SCHAFFER

Zeit zum Hören

Die Zeitlosigkeit der Wüste, das bewusste Sich-Entfernen aus der Hetze der Zeit, ist die Chance, sich nicht ablenken zu lassen vom Wechsel. Wenn nicht mehr die Hetze vom einen zum anderen die Aufmerksamkeit bindet, wirst du fähig, dich nach innen zu wenden. Die Kargheit der äußeren Eindrücke gibt Gelegenheit, dich in Geduld und Hoffnung zu üben.

Im Lärm der wuchernden Botschaften, die täglich und stündlich an unsre Ohren drängen, die aus den Kopfhörern, Fernsehapparaten und Lautsprechern dröhnen, die wir uns aus dem Internet und scheinbar unerschöpflichen Datenbanken herunterladen, gehen die leisen, die einfacheren Botschaften verloren. Jede Band, ja sogar beinahe jede Volksmusikgruppe benutzt Verstärker, um sich, wie es heißt, verständlich zu machen. Die Gespräche verstummen, die laute Musik hat den Raum, hat unsere Ohren erobert.

Die Wüste fordert dazu heraus, diesen Alltags-
lärm abzustellen. Er wäre hinderlich auf dem
Weg zu sich selbst, den der eingeschlagen hat,
der sich zum Wüstengang entschlossen hat.
Der Kirchenvater Gregor von Nyssa sagt:
»Wer in sich selber schaut, sieht in sich das
Ersehnte.« Dazu ist es nötig, aus dem Jetzt
herauszugehen. Nur wer wenigstens für Au-
genblicke das hektische Jetzt verlässt, kann den
Eingang zum Hineinschauen in sich finden.
Mose wuchs zu sich selbst, als er sich in der
Wüste aufhielt, und so vermochte er es, sein
Volk aus der Wüste herauszuführen. Die Wüs-
te lehrt uns, auf das Schweigen zu hören. Wer
in der Welt der fordernden, anspornenden Ge-
räusche leben muss, braucht die Minuten des
Schweigens, um nicht unterzugehen in den
Strudeln des Getöses.

WALTER FLEMMER

Ich ruhe in dir

Mein Herz, o Gott,
will nicht Ansehen, nicht Macht.
Ich schaue nicht nach Ruhm aus
und nicht nach Reichtum.
Ich gehe nicht mit großen Plänen um
und nicht mit Träumen über große Dinge.
Sie sind zu wunderbar für meinen Geist.

Ich taste dein Geheimnis nicht an.
Mein Herz ist still,
und Frieden ist in meiner Seele.
Wie ein gestilltes Kind bin ich,
das bei seiner Mutter schläft.
Wie ein gesättigtes Kind,
so ist meine Seele still in mir.

Ich vertraue allein dir,
heute und in Ewigkeit.

PSALM 131

Singt das Herz,
oder singt nur der Mund?

Gesang als Ruf ins Entbehrte und Gesang als Ausgriff in die Fülle. Was schon da ist, wird in seiner Güte und Schönheit besungen. Was noch nicht da ist und ersehnt wird, wird herbeigesungen. Unsere Stimme und unser Mund sind oft klüger als unser Herz. Es ist erstaunlich, was wir alles singen. Wir singen: »Aus meines Herzens Grunde sag ich dir Lob und Dank!« Aber wie unbeteiligt ist oft der Herzensgrund! Wir singen: »Ist Gott für mich, so trete gleich alles wider mich!« Singt das Herz, oder singt nur der Mund? Es ist eine falsche Frage. Manchmal singt wirklich nur der Mund. Aber wir sind ja nicht nur Herz, Gott sei Dank! Wir sind auch unser Mund, der das schwache Herz hinter sich herschleift, bis es wieder auf den eigenen Beinen gehen kann. Daran ist nichts falsch. Das Herz muss nicht immer Meister sein.

FULBERT STEFFENSKY

Ich höre Musik

Wenn du Musik liebst, dann wirst du dich sicher gerne an Mußestunden erinnern, in denen du in ein Konzert gegangen bist oder daheim deine Lieblings-CD gehört hast. Für mich gehört die Muße beim Musikhören zu meinem sonntäglichen Ritual. Da lege ich eine CD mit einer Bachkantate auf und lasse die Musik in mich eindringen. Um meine Zimmernachbarn nicht zu stören, höre ich die Musik mit dem Kopfhörer. Ich mache die Augen zu und spüre mit dem ganzen Leib die Musik. Die Töne durchdringen Leib und Seele und versetzen mich in eine heilsame Schwingung. Daheim im geschützten Raum Musik hören ist für mich ein tiefes Erlebnis. Doch in ein Konzert zu gehen ist noch einmal etwas anderes. Jedes Jahr haben wir in unserer Abteikirche ein großes Konzert mit exzellenten Musikern. Ich genieße es, mich in die Kirche zu setzen und der Musik zu lauschen, die jetzt gerade in diesem Augenblick engagierte Musiker spielen. Da vergesse ich den Alltag. Ich vergesse auch alles, was ich über den Komponisten und seine Musik gelesen habe. Ich höre einfach. Ich lasse mich von der Musik in die Höhen und Tiefen des Menschseins hineinführen. Und manchmal öffnet sich dann der Himmel über mir. Und die Zeit steht still.

ANSELM GRÜN

Langsam durch die schnelle Zeit

Langsam durch die schnelle Zeit
zieht der Geist der Ewigkeit,
schaut sich die Termine an,
fragt mich: Sag, wann lebst du, wann?

Wann hast du mal Zeit zu sehen,
was um dich herum geschieht,
Zeit, auch Dinge zu verstehen,
die das Auge übersieht?

Abgehakt und abgelegt
wie Terminkalender
schmeißt du deine Jahre fort,
ohne was zu ändern.

Wann hast du mal Zeit zu lauschen
in die Stille, wie sie klingt?
Hörst du noch die Wellen rauschen
in der Muschel, wenn sie singt?
Du kannst lernen zu verstehen,
wo ein Mund den Dienst versagt.
Mit dem Herzen hinzusehen
lernt, wer so zu hören wagt.

Wann hast du mal Zeit zu leben,
durchzuatmen, ein und aus?
Hast du dich schon aufgegeben?
Wie sehn deine Träume aus?
Stemm die Füße in den Sand,
spür den Boden, der dich hält,
Teil der großen starken Hand,
Teil des Schöpfers dieser Welt.

CLEMENS BITTLINGER

Das Geheimnis der Welt

Suche einen Ort der Stille auf. Jeder hat seinen Lieblingsort, an dem er die Stille wahrnimmt, die diesen Ort ausmacht. Die Stille ist schon da. Du musst sie nicht schaffen. Doch damit du die Stille spüren kannst, musst du stehen bleiben. Das Wort »still« kommt von »stellen« und »stehen bleiben«. Die Stille, die uns umgibt, können wir nur wahrnehmen, wenn wir stehen bleiben, innehalten. Horche in diese Stille hinein! Was macht sie mit dir? Sie führt dich ein in das Geheimnis des Seins. Wenn kein Lärm dich stört, wenn du nur das Rauschen des Waldes oder das Plätschern des Baches hörst, dann fühlst du dich frei. Du bist einfach da. Niemand will etwas von dir. Du darfst so sein, wie du bist. Die Stille ist immer etwas Geheimnisvolles. In ihr öffnet sich für dich das Geheimnis der Welt. Letztlich verweist die Stille immer auf Gott. Gott spricht zu dir in der Stille. Er möchte dir sagen, was jetzt für dich wichtig ist. Vielleicht verstehst du nicht, was Gott dir sagen möchte. Aber allein die Stille spricht schon. Sie sagt dir: Lass all das, womit du dich wichtig machst. Es gibt anderes. Sei selber still. Dann spürst du, worauf es ankommt.

ANSELM GRÜN

Alles, was geschieht, ist ein Geschenk für mich

Alle Wahrheit, die ich verstehe,
ist ein Geschenk,
alle Liebe, die ich gebe oder empfange,
alle Lebenskraft, die mich erfüllt.

Alles, was mir einfällt, ist dein Gedanke.
Von wo sollte es mir einfallen,
wenn nicht von dir?

Alles, was mir zufällt, ist deine Gabe.
Von wem sollte es mir zufallen?

Alles, was mir schwer aufliegt,
ist dein Wille, für den ich dir danke.
Wer sollte es mir auferlegen,
wenn nicht du?

Was ich bin und habe, ist dein Wunder.
Gott, ich danke dir,
dass ich deinen Willen schaue,
Ich danke dir
mit meinem ganzen Herzen.

JÖRG ZINK

Mut wünsche ich dir

Mut wünsche ich dir am hellen Tag
und auch in der dunklen Nacht.

Mut wünsche ich dir,
wenn er dir leichtfällt,
und auch, wenn ihn der Sturm
vernichten will.

Mut wünsche ich dir,
wenn dir die Nachbarn
freundlich entgegenkommen,
und auch, wenn sie feindselig sind.

Mut wünsche ich dir zu dir selbst,
und dass Gott dir dazu helfe.

IRISCHER SEGENSWUNSCH

Kapitel 2

Fühle die Kraft aus Gott, die wachsen will in dir

Setz den Hebel innen an!

Letztlich bringt es nichts,
hinauszugehen auf die Straße
und die Lösung unserer Probleme draußen
auf dem Feld der Welt zu suchen.
Draußen rauscht der Wind der Geschichte
durchs hohle Schilfrohr der Menschheit.
Draußen stellen sich die Modekönige
und die großen Stars der Welt zur Schau
in ihrer glänzenden Wichtignichtigkeit.
Draußen verheißen sie uns
die weiche Wohlfühlwelt
und wir gaffen ihnen nach,
sonnen uns in ihrer Gunst,
glauben an ihre virtuellen Heldentaten –
und verlieren dabei uns selbst im Draußen,
wo doch alle Wirklichkeit und Wahrheit
nur drinnen zu finden sind.
Du selber, Christus,
bist nicht draußen zu finden
in den Domen und Dogmen,
in uns selbst bist Du zu Hause

wie ein Kind, das im Mutterleib heranwächst
und zur rechten Zeit zur Welt kommt.
Drinnen, wo denn sonst, bist Du.
Von ganz innen, von jenseits der Welt,
kommst Du ins Diesseits und nimmst
mich mit bis zum Äußersten.

DIETRICH KOLLER

Jede wahre Pilgerreise ist eine Suche

Jede wahre Pilgerreise ist eine Suche. Die bisherigen Alltagsstrukturen des Pilgers können
den Anforderungen seiner Seelenwirklichkeit
nicht mehr genügen, sie sind so brüchig geworden, dass die Notwendigkeit zur Um-
orientierung immer deutlicher durch sie hin-
durchscheint. Es gilt, eine neue und andere
Ausrichtung für ein authentischeres Leben zu
finden.

Die meisten Pilger verbindet eine Suche nach dem Spirituellen, nach Kontakt mit dem Numinosen. Sie fühlen intensiv den »gleichmäßigen Schmerz« des modernen Alltags, einer entzauberten Welt voll von Machbarkeitsidealen und blindem Sachzwangdenken. Sie leiden an ihrer »spirituellen Unterernährung« und daran, dass sie ihre innere Leere mit den Verführungen und Süchten der modernen Welt zuschütten. Pilgern heißt, sich dieser Leere bewusst zu stellen. (…) Jeder Jakobsweg ist auch ein Weg nach innen, ist ein »In-sich-Gehen«, ein »Sich-selbst-Erfahren«, ein »Sich-eingebettet-Wissen« in Zusammenhänge, die über das eigene Ego hinausweisen. Das Wesentliche ist, wieder Vertrauen zu sich und zu dem, was über den Menschen und seinen Verstand hinausreicht, zu gewinnen. Keiner kann konkret vorhersagen, in welcher Weise und mit welcher Intensität ihn die Pilgerreise verändern wird – aber sie wird ihn verändern.

ULRICH HAGENMEYER

»Ich« sagen

Der Glaubende ist ein Mensch, der gelernt hat, »ich« zu sagen ohne Überheblichkeit, die eine Form der Angst ist, mit einer Gewissheit, die man an Jesus von Nazareth ablesen kann, von dem nicht zufällig so viele Worte überliefert sind, die sein Ichsagen bezeugen: »Ich« vergebe dir deine Sünde, »ich« sage dir, steh auf, »ich« rufe dich, komm mit – bis zu den großen Antithesen der Bergpredigt, wo Jesus sein »ich aber sage euch« gegen die religiös gegründete und geheiligte Autorität des Mose stellt, oder bis zu den Worten, die der vierte Evangelist Jesus sprechen lässt und die ebenfalls in nicht überbietbarer Weise »Ich bin« sagen. Ich bin das Brot, das Wasser, das Licht, das Leben.

Diese Worte sind von einer vollständigen Furchtlosigkeit getragen, nicht nur den Mächtigen gegenüber, die Jesus solcher Reden wegen verurteilten, sondern auch allen verinnerlichten Formen der Macht gegenüber, die uns von unserer Kindheit an begleiten und unsere Lebensfähigkeit, unseren Mut, unsere Hoffnung verstümmeln. In dieser Art, »ich« zu sagen, erscheint Jesus als der nicht verstümmelte Mensch, dem nicht Gewalt angetan wurde, bis er sich unterwarf, der nicht gebeugt, gezähmt, gebrochen und angepasst wurde. Jesus hat etwas von dem Jungen im Märchen, der auszog, das Fürchten zu lernen, nur dass er es bis in den Tod hinein nicht lernte und andere noch in sein Furchtloswerden hineinzog. (…)

Jesus hat auch am Kreuz seinen unerhörten Satz »Ich bin das Leben« nicht zurückgenommen. Indem er auf seiner Sache, seiner Wahrheit des unverstümmelten Lebens für alle Menschen beharrte, blieb seine Wahrheit bei ihm und bei uns – was die Sprache des Mythos die Auferweckung von den Toten nennt. Nur das Ich, das den Dialog mit sich selber ohne Verdrängung führt, kann zu solcher Furchtlosigkeit kommen. So spricht der Mensch, der aus dem Reichtum des Selbst lebt, der mit sich selber im Einklang ist in dem Sinn, dass sich seine Kräfte nicht im fruchtlosen Kampf verzehren, sondern frei verfügbar werden für den anderen Entwurf der Welt, den Jesus das Reich Gottes nannte.

DOROTHEE SÖLLE

Dankbarkeit im Leben

Es geht nicht nur darum, ob wir mit freudigen oder mit bösen Augen angesehen worden sind – und ja immer wieder auch angesehen werden. Es geht auch darum, wie wir die Mitmenschen, wie wir das Leben als Ganzes ansehen. Gelingt es uns, immer wieder auch das zu sehen und zu erleben, was uns freut, was uns beschwingt – oder sehen und erfahren wir nur das, was uns mindert? Es gibt auch eine Dankbarkeit im Leben, die sich nicht an eine bestimmte Erfahrung bindet: Man ist dann einfach froh darüber, dass es so vieles gibt, wo sich unsere Erfahrung mit unseren Hoffnungen getroffen hat. Auch dazu kann man sich entschließen: anzuerkennen was uns freut, was in uns Gefühle der Dankbarkeit auslöst. Es wird nicht immer gelingen, aber man kann zumindest versuchen, neben dem Hässlichen das Schöne zu sehen, neben dem Streit die Versöhnung.

VERENA KAST

❋

Dank

Wie können wir
dir danken,
Gott?

Ehe wir denken,
hast du geschaffen.
Ehe wir bitten,
hast du uns beschenkt.

So wollen wir
dir danken,
indem wir leben,
wie du uns gedacht hast:

Ebenbilder
deiner grenzenlosen Liebe;
Schwestern und Brüder
deiner Geschöpfe;
Engel auf dem Weg zu denen,
die unsere Hilfe brauchen.

Gib unserer Dankbarkeit
Hand und Fuß.

Und nimm uns
jede Widerrede
von der Seele.

GERHARD ENGELSBERGER

Das Leben ist ein Rätsel

Simone Weil sagt: »Widersprüche sind das Kennzeichen dafür, dass einer von der Wirklichkeit redet.« Denn die Wirklichkeit passt in keinen Verstand. Unser Leben ist insgesamt ein Rätsel, das nicht darauf angelegt ist, von unserem Verstand gelöst zu werden. Wer darum nur mit seinem wissenschaftlichen oder unwissenschaftlichen, zum Beispiel mit seinem »gesunden Menschenverstand« an das Leben herangeht, wird ihm nicht auf die Spur kommen. Und mit der Gestalt Jesu wird ihm dies erst recht nicht gelingen. Das Leben ist unlogisch. Es beugt sich nicht dem Machtanspruch oder den Regeln des menschlichen Denkens. Es zeigt sich dem aufmerksamen Herzen immer so, dass seine Widersprüche sich nicht lösen. Die Wahrheit des Daseins liegt jenseits seiner Grenzen. Wir werden die Welträtsel nicht lösen, aber wir werden das Rätselhafte umso deutlicher wahrnehmen, je mehr wir bereit sind, uns zu wandeln oder wandeln zu lassen. Was Jesus sagt, lässt sich nicht in eine Philosophie fassen, die einer menschlichen Logik folgt, es lässt sich aber wohl auf einem Lebensweg erfassen, den wir mit offenen Augen und Ohren gehen. Es wird sich als Frucht von viel Bemühung ergeben. Oder nein: Es wird uns als ein reines Geschenk Gottes gegeben. Oder nicht? Oder doch?

JÖRG ZINK

Sich erden und wahrnehmen

Ich empfand, dass mich alle elementaren Arbeiten in der Natur und den Handwerken mit beiden Füßen fest auf den Boden stellten und in der Wirklichkeit verwurzelten, mich also »erdeten«. Und ich glaube, dass gerade Menschen, die sich intensiv um ein »spirituelles« Leben und geistige Erkenntnisse bemühen, das dringend brauchen. Ich brauche es bis heute.

Ein reiner »Geistes«-Arbeiter könnte ich nicht sein. Ich hätte nach einiger Zeit das Gefühl, keine rechten Wurzeln mehr zu haben.

So erinnere ich mich zum Beispiel, dass ich einmal am Weihnachtstag zum Morgendienst im Stall eingeteilt war. Was für ein erfrischendes Erlebnis war das, um sieben Uhr nach stundenlangen liturgischen Feiern mich umzuziehen, durch die Kälte zum Laufstall der Kälber hinüberzugehen, mit vollen Zügen den Geruch der im Dämmer dastehenden Tiere, des Strohs, des Heus aufzusaugen, Ballen herzuschleppen und aufzuschneiden, nach der Gabel zu greifen und damit Stroh einzustreuen und Heu in die Raufen zu werfen, im aufwirbelnden Staub, und dann den Tieren zuzusehen, wie sie sich ihr Futter rupften und kauend zermahlten, und dem einen oder anderen das raue Stirnhaar zu kraulen – das war jene Fleischwerdung, die wir in der Kirche feierten, noch einmal anders, konkreter, greifbarer.

Was man sinnlich, physisch intensiv wahrnimmt, erschließt eine ganz eigene Art von Freude und Trost, und das sogar dann, wenn man vielleicht gerade von eher trübsinnigen Gedanken umgetrieben wird. Sooft man aufmerksam tastet, riecht, schmeckt, hört, sieht nimmt man wahr, dass die Welt im Grunde gut ist. Im deutschen Wort »wahrnehmen« scheint sich diese Erfahrung sogar niedergeschlagen zu haben. Die etymologische Bedeutung von »wahr« ist: »wirklich, gewiss, echt, recht.« Das althochdeutsche Wort »wara« bezeichnete die Bündnistreue, den Schutz. Was ich »wahrnehme«, wäre also das, was ich als zuverlässig und treu an mich heranlasse; das, worauf ich bauen kann, weil es echt und von Substanz ist – im Gegensatz zu all dem »Virtuellen«, Unwirklichen, bloß Fantasierten und Nebulösen, das mir im Kopf herumschwirrt. Wahrnehmen verwurzelt folglich, setzt in verlässliche Beziehung zur Welt.

BERNARDIN SCHELLENBERGER

Schönheit

Es ist wichtig, womit wir uns umgeben und womit wir uns beschäftigen, welchen Bildern und Gedanken wir uns ausliefern. Was über unsere Augen in uns hineinfällt, schafft eine innere Welt und Wirklichkeit in uns. Die Gedanken, denen wir Raum in uns geben und die wir innerlich bewegen, werden uns prägen. Welche Bilder und Gedanken sind es?

In den Kelch einer Blume zu schauen kann uns schon die Schönheit der Welt erkennen lassen. Die Sonne über einem Baum wandern zu sehen, den sich verändernden Himmel zu beobachten, die Jahreszeiten bewusst zu erleben, die Borke eines Baumes zu fühlen, dem Lied eines Vogels zu lauschen, den torkelnden Flug eines Schmetterlings zu verfolgen, Sand zwischen den Zehen und Gräser zwischen den Fingern zu spüren – das alles können Erlebnisse sein, die uns erden und Festigkeit geben.

ULRICH SCHAFFER

Die Angst überwinden

»Warum habt ihr so viel Angst, warum habt
ihr nicht Glauben?«, fragt Jesus die Jünger in
dem Schiff, und so fragt er auch uns. Warum
haben wir nicht die Kraft, die Angst zu überwinden, alle Trennungsängste zu überwinden, indem wir sie uns nicht verstecken, sie
aber dann aufheben in etwas, das uns sagt,
dass wir nicht getrennt und nicht allein sind.
Gott sagt uns, du bist nicht allein, du bist nie
allein, du bist auch im Sterben nicht allein,
du bist niemals abgeschnitten von dem Strom
der Liebe, einmal in ihn eingetaucht. Einmal
berührt von dem Strom der Liebe, gibt es kein
Abgeschnittensein mehr, es gibt keine wirkli-
che Trennung von Gott, sondern Gott ist bei
uns und will immer bei uns sein, er will uns
an diesen Stromkreis der Liebe anschließen,
sodass wir sie niemals vergessen können.
Was seid ihr so voll Angst, warum habt ihr
keinen Glauben? Der Glaube nimmt die
Angst an, er verdrängt sie nicht, gibt sie zu,

aber er lässt sie nicht so, wie sie ist. Er bearbeitet sie.

DOROTHEE SÖLLE

❋

Das Ziel deines Schweigens

Über den Sinn der akustischen Stille sind schon viele Bücher geschrieben worden. Darum will ich mich hier auf das Schweigen im Sinn des Nicht-Redens beschränken und aus meiner Erfahrung einige andere Aspekte und Beobachtungen schildern.

Einen Sinn habe ich vor dreißig Jahren in meinem Tagebuch skizziert: »Den Mund halten, nichts sagen. Deine Worte für so wenig wichtig nehmen, dass du aufhörst, sie von dir zu geben. Höre auf, ständig auf deine Umgebung zu reagieren – womöglich vorwiegend sauer – und Stellungnahmen zu publizieren. So wichtig ist deine Stellung nicht. Versuche, die Flügel deines Intellekts geschlossen zu halten, damit du nicht ständig durch die Gegend flatterst. Wenn deine eigenen Worte keinen Ausschlupf mehr finden, verlieren sie allmählich die Freude am Geborenwerden. Sie geben nach und nach den Versuch auf, sich breitzumachen. Was soll dann aus dir werden, ohne deine Worte? Das ist dein Trugschluss: Du wirst gar nicht durch deine Worte. Das musst du erfassen in deinem Schweigen. Wenn du es aufgibst, durch deine Worte etwas aus dir machen zu wollen und dir deinen Platz und deinen Stellenwert in der Welt zu verschaffen, dann kann das WORT an die Stelle deiner selbstgemachten Worte treten. Darum wählst du die Einsamkeit und schweigst. Dein Schweigen ist seltsam und nicht leicht: Du legst deine Worte auf den Altar und lässt sie ungenutzt verbrennen. Du verfügst über keine weiteren Worte mehr. Wenn aber das Sammelbecken deiner Worte ganz leer ist, dann schenkt dir Gott die Worte aus seinem unerschöpflichen WORT.

Und falls Gott will, wirst du dann eines Tages wieder den Mund auftun und neue Worte sagen. Nicht mehr selbstgemachte, sondern von Gott geschenkte. Klare Worte voll Geist und Leben. Worte der Liebe, der Hingabe, des Gebets. Worte an Gott. Worte für deine Brüder, erleuchtete, gute Worte.

Das Ziel deines Schweigens sind Worte, solche Worte. Denn unser Gott ist kein Schweiger, sondern ein sprechender Gott. Unser Gott ist WORT geworden.

BERNARDIN SCHELLENBERGER

Schau nach oben

Was ich dir wünsche?
Nicht, dass du so groß wirst
wie ein Baum,
so stark oder so reglos.

Aber dass du hin und wieder
nach oben schaust,
wo die Kronen sind und der Himmel.

Dass du stehen bleibst
und nicht immer weiterrennst.
Dass du stehen lernst und wachsen
wie ein Baum.

Denn du bist nicht am Ziel.
Du hast die Kraft in dir,
die auch im Baum ist:
die Kraft zu wachsen.

Du bist noch zu etwas berufen.
Bleib stehen. Schau nach oben
und fühle die Kraft aus Gott,
die wachsen will in dir.

JÖRG ZINK

Christ bin ich, wenn ich glaube, dass alles möglich ist

Es gibt einen biblischen Satz, der gerade in der Arbeiterbewegung sehr wichtig geworden ist. Er heißt: »Alles ist möglich dem, der da glaubt« (Mk 9,23). Als die Uhrenfabrik Lip bei Besançon von den Arbeitern übernommen wurde, kletterte ein junger Mann an der Front des Hauses hoch und schrieb diesen alten Satz auf die Fabrik. Tout est possible. Es ist nicht wichtig, ob der junge Mann das alte Buch kannte, aus dem dieser Satz stammt. Entscheidend ist, dass wir ihn lernen und dass diese Art von Sprache, die Hoffnung nicht nur verspricht, sondern herstellt, nicht zugrunde geht.

Christ bin ich, wenn ich glaube, dass alles möglich ist. Blinde lernen sehen, alte Nazis hören auf zu verdrängen, Technokraten hören den Machtlosen zu. Die Lahmen gehen, die Tauben hören, die Armen hören die Nachricht von der Befreiung. (...)

Christ bin ich, weil ich glaube, dass das, was allen versprochen war, möglich ist. Jesus von Nazareth hat mit seinem Leben etwas versucht, was ich auch will, an dem mir tatsächlich »alles« liegt. Da der Ausgang seines Experiments ungewiss ist, kommt es darauf an, dass möglichst viele, möglichst alle daran mitarbeiten: mit Wunder tun, mit leiden, mit erzählen, mit teilen.

Er ist mein Bruder, der, etwas älter als ich, mir immer schon einen Tod voraus ist; der, etwas jünger als ich, verrückter, mir immer schon ein Wunder voraus ist.

Was tut er mir? Ich lerne von ihm. Wenn man nicht mehr lernt, ist man tot, und von ihm lerne ich am meisten. Er spricht von meinem Leben so, wie ich will, dass von ihm gesprochen wird, ohne jede Verachtung. Er lässt es nicht zu, dass nur ein einziger Tag meines Lebens gering geachtet, sinnlos, ohne das große Experiment sei. Ich lerne von ihm, allen Zynismus zu überwinden. Diese Lektion finde ich heute am schwersten – es gibt überzeugende Gründe, Menschen zu verachten, es gibt großartige Gründe, mich selber zu verachten. Es gibt eine Versuchung, das Leben nur teilweise, nur ein Stück weit, nur unter Umständen zu bejahen. Er beschämt mich – meine endliche, ungeduldige, teilweise oberflächliche Bejahung. Er lehrt mich ein unendliches, revolutionäres, nichts und niemanden auslassendes Ja.

DOROTHEE SÖLLE

Kapitel 3

Zum Augenblicke dürft ich sagen:
Verweile doch, du bist so schön.

Vom Zauber des Augenblicks

Das Wort »Augenblick« meint ursprünglich den schnellen Blick der Augen, also eine kurze Zeitspanne, Zeit, die man nicht festhalten kann. Die Lateiner sprechen vom »ictus oculi«, vom Augenschlag. Sie denken dabei an die Bewegung der Wimpern. Die deutsche Sprache bezieht sich jedoch auf das Schauen. Aber es ist kein Schauen, bei dem ich verweilen kann, sondern ein kurzer Blick, der schnell vorbei ist. Ich habe gerade hingeschaut, und schon ist das, was ich geschaut habe, vorübergegangen. Ich kann es nicht mehr sehen. Ich schaue nur auf das, was mich fasziniert, was meinen Blick auf sich zieht, auf etwas Interessantes und Anziehendes. Von diesem Augenblick sagt Goethe:

Zum Augenblicke dürft ich sagen:
Verweile doch, du bist so schön.

Wir verbinden mit dem Augenblick immer schöne Momente. Denn wenn uns etwas abstößt, schauen wir lieber nicht hin. Doch wir können den Augenblick nicht festhalten. Schon im nächsten Moment ist er vorbei. Wir können uns nur daran erinnern, dass wir in diesem Augenblick etwas geschaut haben, was unser Herz berührt.

ANSELM GRÜN

Gegenwart

Auf meiner Reise
finde ich Unterschlupf.
Eine Bleibe birgt,
ein Zaun umfriedet,
eine Quelle erfrischt.

Was zählt?
Was schützt mein kleines Leben?

In unsicheren Zeiten
zählt eine Hütte in den Bergen,
eine Liege bei Freunden
und eine Furt durch
den reißenden Bach
mehr als eine geträumte
Urlaubsinsel.

Auf Dauer
wartet Heimat
jenseits der Zäune,
unter Dächern
aus Zärtlichkeit und Wind,
in deiner Gegenwart,
Gott.

GERHARD ENGELSBERGER

Alles Leben ist im Augenblick

Ich möchte noch etwas über das Glück sagen. Was ist das Geheimnis des Glücks? Wo erfüllt sich das Glück? Im Augenblick. Alles Glück ist im Augenblick. Was steht dem Glück entgegen? Die Abweichung vom Augenblick. Entweder, weil man zurückschaut, oder nach vorne. Dann vergisst man den Augenblick. Dann hat man mit dem Augenblick auch das Glück des Augenblicks vergessen. Im Augenblick zu bleiben ist eine hohe Disziplin, die wir üben können.

Alles Leben ist im Augenblick, nur im Augenblick. Im Augenblick ist es voll da. Im Augenblick, jetzt, ist das Leben erfüllt. Wir machen das Herz weit für diesen Augenblick, freuen uns an diesem Augenblick, dankbar für diesen Augenblick.

Im Augenblick gibt es kein Bedauern, auch keine Furcht. Alle Furcht ist in der Zukunft angesiedelt. Alles Bedauern ist in der Vergangenheit angesiedelt. Im Augenblick sind wir ohne Bedauern und ohne Furcht.

Warum sind Kinder oft so glücklich? Weil sie nur im Augenblick sind.

Ich möchte noch etwas über den Augenblick sagen. Von Augenblick zu Augenblick leben heißt auch von Augenblick zu Augenblick sterben. Man lässt in jedem Augenblick das Alte zurück.

BERT HELLINGER

Auch Leben
kann ein Tanz sein

Im Tanz setzen sich Körper und Seele des Menschen in Bewegung, fühlt er eine Beschwingtheit und eine Leichtigkeit, die ihm sonst nicht eignet. Im Tanz fühlt sich der Mensch ganz und gar bewegt, ergriffen von einem Lebensgefühl, das über ihn kommt und ihn über sich hinausträgt. Dieses Lebensgefühl kann bis zur Ekstase gesteigert werden.

Im Tanzen hat der Modus des Habens nichts zu suchen, da sind wir im Modus des Seins, ganz dem Erlebnis und dem Augenblick hingegeben. Der räuberische Schatten müsste vergleichen, wer schöner tanzt, müsste signalisieren, ob man neidisch zu sein hat – dann wäre man aber schon nicht mehr ein tanzender Mensch, sondern allenfalls noch ein sich bewegender. Was hier am Beispiel des Tanzes gesagt wird, gilt durchwegs für Lebenspraxis: Auch Leben kann ein Tanz sein – zumindest zwischendurch –, und wir verlieren diese bewegte Ergriffenheit, wenn unser räuberischer Schatten zu sehr das Haben betont.

VERENA KAST

Kostbare Momente

Endlich angekommen,
endlich hab ich Zeit,
fühl mich wie benommen,
such die Einsamkeit.
Völlig überladen
tickt die Uhr voran,
ich verlier den Faden,
deshalb halt ich an.
Meine Seele atmet
langsam aus und ein,
hat auf mich gewartet,
hilft mir der zu sein,
der ich bin und werde
langsam Schritt für Schritt,
unter mir die Erde
hält und trägt mich mit.

Kostbare Momente,
Diamantenraum,
manches heiß Ersehnte,
manchen alten Traum

können sie beleben,
schenken mir die Kraft,
niemals aufzugeben
meine Leidenschaft.

Und die Wogen schlagen
über mir ein Dach,
allzu viele Fragen
halten nachts mich wach.
Wie wird alles enden,
mein Weg scheint so weit?
Hab Angst, zu verschwenden
meine beste Zeit.

Hab mich hetzen lassen.
Zeitdruck im Genick
ließ mich fast verpassen
diesen Augenblick,
der so vieles wendet
hin zu meinem Glück,
ich war wie geblendet,
doch ich fand zurück.

CLEMENS BITTLINGER

Die göttliche Dimension

Im Augenblick ganz »da« zu sein, wem das gelingt, dem erschließt sich nach der Erfahrung aller spirituellen Schulen die göttliche Dimension unserer Wirklichkeit: »Der Augenblick ist mein, und nehm ich den in Acht, so ist der mein, der Zeit und Ewigkeit gemacht«, dichtete Andreas Gryphius. Dies ist wohl die gemeinsame Erfahrung, die von den Emmaus-Jüngern wie von Philemon und Baucis geschildert wird. Darin wird deutlich, dass Religion etwas anderes ist als ein »Überbau«, in den man sich mit Askese und Verleugnung des Verstandes erst »hineinarbeiten« muss. Das Religiöse begegnet uns im Leben selbst, wenn man bereit ist, sich ihm ganz zu öffnen.

HANS JELLOUSCHEK

Freude weite dein Herz

Dem, der einen Blick für die Schönheit der Schöpfung hat, bieten sich täglich tausend Gelegenheiten zur Freude. Schon wenn ich in der Frühe das Fenster öffne, kann ich mich freuen an der frischen Luft, die mein Zimmer durchdringt. Oder wenn die Sonne gerade aufgeht, kann ich mich am milden Morgenrot freuen. Jede Landschaft hat ihren eigenen Reiz, die Weite der Ebenen, die Majestät der Berge, das liebliche Tal, durch das sich der Fluss schlängelt, der See, der sich in die Hügel hineinschmiegt. Ich muss mich da nicht künstlich in Freude versetzen. Ich muss nur bewusst wahrnehmen, was ist. Dann ist in mir Freude. Wenn ich bewusst die Schönheit der Schöpfung wahrnehme und mich daran freue, dann ist das gesundheitsfördernd, dann tut das nicht nur dem Leib, sondern auch der Seele gut, dann werden meine Augen leuchten und das Leben in mir aufblühen. Ich habe dann nicht den Eindruck, das

Leben sei eine Last. Ich denke dann nicht an den Termin, den ich wahrnehmen muss, sondern genieße die Farben der Bäume und Sträucher, das frische Grün im Frühling und das leuchtende Gelb und Rot im Herbst. Dann wird mein Herz weit.

ANSELM GRÜN

Das Staunen und das Lieben

Wenn jemand sich einmal vorgenommen hat, täglich zehn Dinge schön zu finden, dann begegnet er täglich nicht nur zehn, sondern viel mehr schönen Dingen.

Und das ist nun Nahrung für die Seele, Atem für die Seele, Heilmittel und Wohltat. Er lernt, und das ist das Wichtigste, wenn jemand in dieser Welt etwas von Gott wahrnehmen will, das Staunen and das Lieben. Die Staunenden und Liebenden leben gesegnet. Sie finden, was schön ist, auch in den Menschen, und sie kön-

nen die Menschen, diese seltsamen Lebewe-
sen auf Gottes Erde, auch ein wenig lieben.

JÖRG ZINK

Zwei Möglichkeiten,
miteinander alt zu werden

Aus einem italienischen Badeort hat sich mir
das folgende Bild eingeprägt: In der lauen
Abendluft auf der Terrasse eines Ristorante
hat am Nebentisch ein Paar um die siebzig
Platz genommen. Sie sind rüstig, kerngesund
und braungebrannt und verzehren ein vor-
zügliches Menü. Aber es fällt kaum ein Wort
zwischen ihnen. Mürrisch schauen sie vor
sich hin oder aneinander vorbei und gehen
sich gegenseitig offensichtlich auf die Nerven. Sie haben einander anscheinend nichts
mehr zu sagen. – Ein anderes Erinnerungs-
bild: Ich fahre in der S-Bahn. Ein etwa ebenso

altes Paar steigt ein und setzt sich mir schräg gegenüber. Sie strahlen etwas völlig anderes aus. Wenn der alte Mann etwas zu seiner Frau sagt, schaut sie ihm direkt ins Gesicht. Er erwidert ihren Blick mit einem Lächeln, und sie stimmt seinen Worten immer wieder mit heftigem Kopfnicken zu. Dann schauen sie beide zum Fenster hinaus, machen sich aber immer wieder auf etwas, das ihnen auffällt, aufmerksam, und immer wieder schauen sie sich dabei an, lächeln, stimmen einander eifrig zu. Sie greift nach seiner Hand, er nimmt sie und hält sie, und so sitzen sie eine ganze Weile nebeneinander, zugewandt, liebevoll, ganz und gar lebendig – und dabei sind die beiden schon erheblich gebrechlicher als das alte Paar von der italienischen Adria-Küste.
Zwei ganz und gar unterschiedliche Bilder, zwei Möglichkeiten, miteinander alt zu werden.

HANS JELLOUSCHEK

Aufmerksamkeit
und Achtsamkeit

Um den Zauber des Augenblicks zu erleben, bedarf es der Aufmerksamkeit und Achtsamkeit. Das deutsche Wort »achtsam« kommt von der indogermanischen Wurzel »ok«, die »nachdenken, überlegen« bedeutet. Achtsam ist also der, der bei dem, was er tut, überlegt, was da eigentlich geschieht. Er lebt nicht gedankenlos dahin, sondern ist ganz im Augenblick. Er überlässt sich nicht einfach seinen Gedanken, er geht nicht in den Räumen seiner Fantasie spazieren, sondern achtet auf den Augenblick und auf das, was er gerade tut. Wenn ich auf meinen Atem achte, bin ich achtsam und verweile jetzt in diesem Augenblick.
Wenn ich achtsam jeden Schritt vollziehe, dann kann ich den Augenblick genießen. Ich brauche gar keine Konzentrationsübung, keine Anstrengung. Ich gehe einfach und bin ganz in meinen Schritten. Ich nehme wahr, dass ich

mit jedem Schritt die Erde berühre und wieder von ihr abhebe. Dieses achtsame Gehen, Stehen und Sitzen lässt mich den Reichtum des Augenblicks erahnen. Ich habe alles, was ich brauche. Brauchen ist immer Ausdruck von Mangelerfahrung. Das Haben braucht, aber nicht das Sein. Wenn ich im Sein bin, ist alles gut.

ANSELM GRÜN

Die Schöpfung Gottes

Am 18. September 1970 hielt ich in meinem Tagebuch fest: »Ein zauberhafter Spätsommertag. Der Himmel ist wolkenlos blau und geht am Horizont in einen graubraun getönten Dunst über. Die Sonne steht bereits tief, verbreitet jedoch eine stechende Hitze. Die Schatten sind lang und scharf. Wir holen Stroh am Mühlberg und droben beim Ehrenfriedhof. Alle Farben sind jetzt kräftiger und tiefer, reifer. Herbststimmung zieht ins Land, eine Stimmung des Reifens, der Fülle; Gleichnis der Reife, Tiefe, Fülle, die unserem Leben bestimmt ist. Im Grün der Wälder tauchen gelbe und ockerbraune Tupfer auf. Die Stoppelfelder leuchten in goldenem Gelb. Das Kartoffelkraut ist schon braun und vertrocknet. Von weit drüben her grüßt aus blassem blauem Dunst der Spiegel der Talsperre. Die Mauern Mariawalds leuchten mit blendendem Weiß über die Wiesen und Felder herüber. Ein kleiner Schwarm Tauben schwirrt über uns weg, wendet und fliegt zum Schützeroth hinab. Jäh flattert ein bunter Fasan auf und lässt sich drüben am Waldrand nieder. Es ist eine Vision des Friedens, wie ihn zuweilen das Gesicht eines alten Menschen ausstrahlt, das schöne Gesicht eines Menschen, der mit dir, o Herr, und in dir alt geworden ist. Drüben, auf der Straße hinter dem Josefshaus, sehe ich eine Gestalt im blauen Arbeitshabit, und im Labor weiß ich die Mitbrüder beschäftigt, die Fülle an Obst – an Äpfeln, Birnen, Mirabellen, Zwetschgen – und Rotkohl bergen. Es ist die Jahreszeit, in der ich mich geradezu betrinken kann mit all der Schönheit, die du geschaffen hast, o Gott. Meine Augen können die leuchtenden Farben kaum fassen, meine Nase ist fast überfordert vom herben, süßen Geruch der Äpfel und Birnen und Mirabellen, des goldenen Strohs, der Kartoffeln und Bohnen und des Stroms von Getreide. Mit allen Poren spüre ich den Wind, der über die Stoppelfelder und Wiesen streicht. Meine Ohren klingen vom Jubel der Wolken junger Schwalben und hören deutlich den Ruf eines Raubvogels hoch droben am Himmel. Bei Tisch schmecke ich den Saft und die Süße, gespeichert dank Sonne und Erde und Regen in knallroten Tomaten, in krachenden Äpfeln und festen blauen Zwetschgen. ›Du füllst mir das Herz mit Freude, größer, als wenn sie Weizen und Wein ernten im Überfluss‹, heißt es im Psalm. Es ist wahr, o Herr: Deine Geschöpfe weisen über sich hinaus und sie führen zu dir, der du sie gibst und der du sie nimmst. So stehe ich da und versuche die Fülle in mich hineinzutrinken und komme mir vor wie ein zu kleines Gefäß, das schon deine Schöpfung mit all ihrer Schönheit nicht zu fassen vermag, geschweige denn dich selbst, o Gott.«

Die Kombination – täglich fünf Stunden geistige Arbeit plus fünf Stunden körperliche Arbeit – war auch noch auf andere Weise spirituell ziemlich fruchtbar. Wichtig war, dass man es einübte und schließlich fertigbrachte, in beiden Bereichen mit seiner Aufmerksamkeit jeweils ganz da zu sein. Vermischte man sie, so blieb man ständig gespalten und angespannt: hatte entweder beim Lesen die anstehende Arbeit im Kopf oder bei der Arbeit das, was man gelesen oder womit man sich gerade beschäftigt hatte.

BERNARDIN SCHELLENBERGER

Schön ist ...

Schön ist die Welle
im Augenblick des Brechens.
Nie wieder wird es eine
wie sie geben.
Schön ist der weite Himmel
unseres Herzens,
wir sind mit Unendlichkeit begabt.

Schön ist die spitze Tanne,
die den Mond aufspießt.
So fließt weißes Licht
auf die schwarze Erde.
Schön ist die Reinheit des Quellwassers,
das erst meine warmen
Lippen erschrickt
und dann kühl
meinen Brustkasten durchquert.

Schön ist die Befindlichkeit,
die nicht aufgibt, Gedanke zu werden.
So wird das Bewusstsein weit.

Schön ist der Rucksack voller Hoffnung,
den der Kletterer wie einen Schutz trägt.
Die steile Felswand verbindet sich mit ihm.

Schön ist die Freiheit der Gedanken,
die das Gesicht offen macht
und zum Gespräch einlädt.
Schön sind die Streifen des Tigers,
der seinen eigenen Schatten
ins hohe Gras mitbringt
und so Unsichtbarkeit erreicht.

Schön ist das Auge, das sich durchschaut
und über Pupille und Netzhaut hinaus
mit einer Weisheit von innen leuchtet.

Schön ist die Erkenntnis,
dass die Wahrheit unfassbar ist.
So sind die Dinge den
Gedanken ebenbürtig.

ULRICH SCHAFFER

Alles kommt von dir, Herr

Alles kommt von dir, Herr.
Schutz und Gefahr, Licht und Finsternis.

Dass es Tag wird, danke ich dir,
und dass es Nacht wird.
Nichts ist selbstverständlich,
was geschieht.

Alles, was geschieht,
ist ein Geschenk an mich.
Alle Liebe, die ich gebe oder empfange,
alle Lebenskraft, die mich erfüllt.

Alles, was mir zufällt, ist deine Gabe.
Von wem sollte es mir zufallen,
wenn nicht von dir?

Was ich bin und habe, ist dein Wunder.
In allem schaue ich dich und deine Güte.

JÖRG ZINK

Kapitel 4

Die Liebe ist langmütig, freundlich und gütig

Die Sprache der Liebe

Wenn sich zwei Menschen lieben, dann wird ihre Liebe nur dauern, wenn sie sich ihre Gefühle ausdrücken, ihre Wünsche sagen, ihre Befürchtungen äußern. Das wäre die notwendige Versprachlichung der Liebe. Aber Liebende brauchen auch Tänze und Bilder. Gerade in der Sprache der Liebenden sehen wir, wie die Sprache selber ins Bild und in die Geste drängt, weil sie mit sich selber nicht auskommt. Die Sprache der Liebe sprengt sich selber: »Du bist mein Baum«, sagen sie sich. »Du bist meine Sonne. Ohne dich bin ich tot. Du bist mein Alles. Mein Wind.« Die Sprache sprengt sich und fängt an zu tanzen. Aber der Tanz geht weiter, über die Sprache hinaus: Liebende brauchen Gesten, Zeichen, Berührungen, Tränen, Miteinander-Schlafen, Geschenke, die sie sich machen. Die Liebe würde veröden, wenn sie sich auf das Sagbare beschränkte.

FULBERT STEFFENSKY

Die Liebe ist langmütig

Die Liebe ist langmütig, sie hat Geduld, sie hat ein großes und weites Herz. Sie kann warten. Sie ist nicht kleinlich. Sie steht offen für den anderen. Aber dieses weite Herz, der »große Mut«, bezieht sich nicht nur auf den Umgang mit anderen. Wenn ich ein weites Herz habe, dann fühle ich mich anders. Ich bin frei, offen. Das Leben kann in mir strömen. Ich werde mich nie auf das Negative fixieren, das ich bei mir oder anderen wahrnehme. Das weite Herz ist das Gegenteil vom »kleinkarierten«, engstirnigen, verbohrten Herz. Man spürt einem Menschen von seinem ganzen Wesen her an, ob er ein weites Herz hat oder einen kleinen Mut, einen engen Geist.

ANSELM GRÜN

Die Geliebte, oder:
Der stumme Diener

Eine Geliebte empfing nach längerer Zeit ihren Geliebten. »Die Liebe kann besser heilen als irgendetwas auf der Welt«, dachte die Geliebte und bot ihm neben sich den Sitz an. Der Geliebte dachte: »Man braucht nichts als Liebe, und alles Mögliche und die Erde sind ein Paradies!« Er saß bewegungslos da. Ohne die Vorzüge der Gegenwart zu genießen, holte er aus seiner Westentasche ein Bündel von Briefen, die er in der Zeit des Fernseins und der Trennung liebevoll mit Tränen in den Augen an die Geliebte geschrieben hatte. Er fing an, sie laut zu lesen. Die Frau hatte sich diese Begegnung jedoch anders vorgestellt. Lange Zeit hörte sie geduldig zu, bis ihr der Geduldsfaden riss. Sie sagte: »Für wen hast du diese poetischen Briefe geschrieben? Für mich? Dann nutze die Gelegenheit, mir einen großen Gefallen zu erweisen. Mein Herz soll sich darüber freuen. Geht die Liebe auf in meinem Leben, dann kommt das Licht, dann wird es warm. In Gegenwart der Geliebten nur Briefe der Vergangenheit zu lesen, ist Zeitverschwendung.« Der Liebende antwortete mit leiser Stimme: »Es ist mir bewusst, dass ich in deiner Gegenwart weile. Ich weiß aber nicht, wieso ich die Freude und den Genuss, die ich in deiner Abwesenheit und Trennung fühlte, wenn ich an dich dachte, jetzt nicht mehr erleben kann.« Die Geliebte sagte zu ihm: »Das innerste Wesen der Liebe ist Hingabe. Du bist in dich selbst verliebt. Du liebst nicht mich, sondern deine eigenen Gefühle. Es gibt echte und unechte Liebe. Die eine zum Ergötzen, jene zur Fruchtbarkeit an vortrefflichen Gedanken und Taten. Wenige lieben die Person, die meisten lieben die Glükksumstände.«

NOSSRAT PESESCHKIAN

Was wir voneinander brauchen

Es sind nicht die großen Heldentaten,
die der Freundschaft oder der Liebe
den Sinn geben.
Ein praktischer Rat ist es schon eher,
ein Hinweis, eine Warnung,
eine kleine Nachsicht,
freundliches Beiseitelegen von etwas,
das schiefging.
Das ist es, was wir voneinander brauchen.

JÖRG ZINK

»Ich liebe dich«

Wer darf so etwas sagen: »Ich liebe dich«?
Was geht in seiner Seele vor, wenn er diesen
Satz sagt? Was geht in der Seele des anderen
vor, dem dieser Satz gesagt wird?
Wer ihn wirklich sagt, dessen Seele zittert. In
ihr sammelt sich etwas, schwillt an wie eine

Woge und reißt ihn mit. Er wehrt sich vielleicht gegen sie aus Angst, wohin sie ihn hebt und an welches Ufer sie ihn spült.

Auch der oder die andere, denen dieser Satz gesagt wird, zittert vielleicht. Sie ahnen, was er in ihnen verändert, wie sehr er sie vielleicht in die Pflicht nimmt und ihr Leben für immer bestimmt.

Da ist auch die Angst, ob wir diesen Satz durchhalten und wir ihm in seiner Tragweite zustimmen und uns ihm öffnen können, egal ob wir ihn selbst sagen oder gesagt bekommen. Doch es gibt keinen schöneren Satz, keinen, der uns so tief berührt und uns so innig mit einem anderen Menschen verbindet.

Es ist ein demütiger Satz. Er macht uns zugleich klein und groß. Er macht uns zutiefst menschlich.

BERT HELLINGER

Ich finde dich gelungen

Du hast deine ganz
persönliche Ausstrahlung.
Ich bin gerne in deiner Nähe.
Bei dir fühle ich mich wohl,
da darf ich sein, wie ich bin.
Da werde ich nicht beurteilt,
nicht in eine Schublade gesteckt.
Von dir geht etwas aus, das guttut,
das Wunden heilt, das froh macht.
Vielleicht weißt du gar nicht,
was du ausstrahlst.
Heute möchte ich dir sagen,
dass mir deine Ausstrahlung guttut,
dass von dir etwas Liebes,
etwas Mildes ausgeht,
dass du mir guttust.

ANSELM GRÜN

Die Liebe ist Anfang und Ziel

Liebende sind Kinder.
Wie die Liebenden geht ein Kind
in seinen Tag, freut sich, dass es da ist,
und erwartet alles.

Liebende sind wie der Himmel,
wie die freie, weite Luft.
Und ihre Liebe wächst
mit Blättern und Zweigen
wie ein Baum ins Licht.

Liebe ist wie der Morgen.
Wie der Anfang eines Tages,
wenn der graue Horizont den Tag ansagt
mit einem Anflug von Röte
und die Sonne heraufkommt.

Liebe ist eine Quelle,
aus der das Leben kommt.
Sie öffnet die Quellen lebendiger Kräfte.

Sie eröffnet die Zukunft,
den Morgen, den Mittag, den Abend,
die Nacht des Lebens.
Sie ist Anfang und Ziel.

JÖRG ZINK

Die Sehergabe der Liebe

In der Liebe sehen wir die besten Möglichkeiten in einen Partner hinein und geben ihm
durch unsere Liebe auch das Gefühl, dass er
sie verwirklichen kann. Und wenn wir wirklich
lieben, werden wir ihm auch verzeihen, wenn
er in der Realisation seiner besten Möglichkeiten weit hinter ihnen zurückbleibt. Wir werden
vielleicht gerade dadurch, dass wir uns später
noch an die Gesten der aufbrechenden Liebe
erinnern, auch immer wieder daran denken,
dass wir solche schöpferischen Fantasien, solche erwartungsvollen Gefühle mit diesem
Menschen verbunden haben. Und die Mög-

lichkeit, sie zu realisieren, besteht so lange, wie wir sie in unserer Fantasie aufrechterhalten. Das mag von außen als die »Blindheit« der Liebe erscheinen, von innen ist es die Sehergabe, die Chance der Liebe.

VERENA KAST

Was die Liebe lebendig erhält

Das scheint ein Grundgesetz der Partnerliebe zu sein: Nach der Phase der ersten Verliebtheit, in der jeder nur den anderen sieht und von ihm fasziniert ist, braucht es die Wendung in die gemeinsame Blickrichtung. Man braucht gemeinsame Perspektiven, damit die Liebe auf die Dauer lebendig bleibt. Aber nun – beim alten Paar – sind die Kinder schon lange fort. Ihr Leben hat fast nichts mehr mit dem Leben des Paares zu tun. Noch immer ausschließlich auf die Kinder ausgerichtet zu leben, bekommt jetzt etwas Unwirkliches,

Illusionäres, führt weg aus dem Hier und Jetzt, aus ihrem Hier und Jetzt als altes Paar. Aber etwas anderes, »Drittes« ist jetzt oft nicht da, und so taucht die Gefahr auf, in Passivität und täglicher Routine zu versinken. Darum brauchen alte Paare jetzt oft neue Ziele, neue gemeinsame Anliegen, die ihre Liebe von Neuem inspirieren.

Was das Leben erfüllt, was die Liebe lebendig macht und erhält, muss aber etwas sein, das in sich einen Wert besitzt. Es muss etwas sein, das inspiriert und fasziniert. Dann erfüllt es uns mit Sinn, dann regt es uns an – dann macht es uns auch wieder wechselseitig attraktiv. Alte Menschen, die von gemeinsamen Anliegen und Aufgaben erfüllt und fasziniert sind, stehen weniger in der Gefahr, sich gegenseitig auf die Nerven zu gehen oder hypochondrisch ihre Wehwehchen zu pflegen.

HANS JELLOUSCHEK

Leben in der Hoffnung

Hoffnung ändert einen Menschen, weil sie ihm seine neuen Möglichkeiten zeigt. Diese Hoffnung macht ihn bereit, sich selbst zu verlassen und in der Liebe ganz bei dem anderen zu sein. Das Besondere der christlichen Möglichkeit zur Hoffnung liegt darin, dass sie aus der Erinnerung an die Auferweckung des gekreuzigten Menschensohns geboren wird. (…)

Leben in der Hoffnung heißt Liebenkönnen, und zwar das ungeliebte und verstoßene Leben lieben können. Was aber heißt Lieben anders, als mit den ungeweckten Möglichkeiten des anderen Menschen zu rechnen, einschließlich der Möglichkeiten Gottes an ihm? Versöhnung und Hoffnung werden durch konkrete, persönliche und soziale Liebe verbreitet. Darum liegen endlich in der schöpferischen, versöhnenden und hoffenden Liebe die tiefsten Möglichkeiten des menschlichen Menschen in einer unmenschlichen Welt.

JÜRGEN MOLTMANN

Wir sind das, was wir tun

In den Begegnungen der Liebe gibt es immer wieder eine Erfahrung des Glücks, die uns den Glauben an Gott zumindest nahelegt. Die Arbeiten, mit denen wir anderen Menschen das Leben wärmen, werden als selbstverständlich und fraglos verstanden. Einem Hungernden Essen zu geben, einen Kranken zu waschen, ein Kind zu trösten, gegen das Unrecht zu kämpfen und einen Tyrannen zu stürzen, das hat seinen Grund in sich selber. Das sind Handlungen, an denen die Zweifel nicht nagen, sie geben uns ein Stück Lebensgewissheit und ein Stück Überzeugung von der Güte des Lebens. Wir tun sie ohne Zweck, ohne warum, wie Meister Eckart das nennt, wir haben uns dann vom Geist der Berechnung des Lebens, des »do ut des«, getrennt. Wir sind das, was wir tun. Und gerade das ist Erfahrung Gottes, egal welchen Namen wir ihm geben.

Man kann diese Erfahrung nicht vor der Handlung und nicht ohne sie haben. Auferstehung ist immer auch Aufstand! Ressurrection is insurrection. Gegen den Tod zu kämpfen suspendiert die Lebenszweifel. Es bringt uns näher an den Willen Gottes, der das Leben in seiner Fülle will.

DOROTHEE SÖLLE

✦

Die Liebe ist der innerste Kern der Trauer

Warum trauern wir? Es gibt nur eine Antwort: weil wir lieben. Die Liebe ist der innerste Kern der Trauer. Sie ist ihr Wärmezentrum.
Warum trauern wir? Es gibt nur eine Antwort: weil wir einen geliebten Menschen verloren haben und nicht mehr lieben können, jedenfalls nicht mehr leibhaftig. Das macht uns so unendlich traurig.
Trauern wir, weil wir lieben oder weil wir jemanden verloren haben? Es gibt nur eine Ant-

wort, die beides miteinander verbindet: Wir lieben im Verlust, weil wir nicht mehr lieben dürfen und doch weiterlieben wollen.

Aber was wird nun aus unserer Liebe? Wäre es nicht besser, sie aufzugeben? Wäre es nicht klüger, die Übermacht des Todes auch über unsere Liebe anzuerkennen? Wäre es nicht besser, die Liebe zu beenden und wie nach verlorener Schlacht abzuziehen? Macht es überhaupt noch Sinn, einen Menschen zu lieben, der meine Liebe nicht mehr erwidern kann?

Doch die Liebe in der Trauer sagt etwas anderes: Ich will weiterlieben, auch gegen die Abwesenheit des geliebten Menschen.

ROLAND KACHLER

Ein Königreich der Liebe

Dem einzelnen Menschen kann es gelingen, mitten in dieser Welt ein Königreich der Liebe zu gründen und einen Garten anzulegen, in dem seine Kreativität gedeiht.

Keine Frau ist nur Aschenputtel, aber jede hat die Möglichkeit, das Aschenputtel in sich selbst zu finden und zu erleben, wie es sich entwickelt und schließlich seine schönen Kleider entfaltet. Kein Mann ist nur ein Königssohn, aber er kann sich zu dem Königssohn in sich selbst bekennen und ihm die Führung überlassen. Die Liebe hat die zauberische Macht, in der Frau das Aschenputtel aus seiner Asche herauszulocken und den Königssohn zu wirklich königlichem Handeln reifen zu lassen. Verena Kast hat die schöpferische Macht der Beziehungsfantasien geschildert. Wer verliebt ist, vergöttert in seiner Fantasie nicht nur den geliebten Menschen, sondern sieht auch sich selbst in einer göttergleichen Gestalt, in der er dem anderen gern begegnen möchte. Und die Liebe hat die Kraft, im Liebenden und im Geliebten diese schlafenden Fähigkeiten so zu verstärken, dass sie in die Wirklichkeit treten und zur unverlierbaren Eigenschaft werden.

HILDEGUNDE WÖLLER

Kapitel 5

Alles bekommt Seele, alles hat seinen Wert

Der Sinn des Lebens

Wenn wir Menschen fragen, worin der Sinn ihres Lebens besteht oder wann und wo sie sich am lebendigsten erfahren, so werden uns viele sagen: Der Sinn meines Lebens besteht in der Liebe. Dort, wo ich liebe und geliebt werde, dort fühle ich mich lebendig. Wenn wir uns verlieben und wenn der Mensch, in den wir verliebt sind, auch uns liebt, dann erleben wir uns als lebendig. Der Volksmund drückt das in vielen Bildern aus. Wir fühlen uns wie im »siebten Himmel«. Die Liebe verzaubert unser Leben. Alles bekommt einen neuen Schein, eine neue Qualität. Johannes sieht das ähnlich. Wenn wir die Liebe erfahren, dann ahnen wir etwas von Gott. Denn: »Gott ist Liebe, und wer in der Liebe bleibt, bleibt in Gott, und Gott bleibt in ihm.« (1 Joh 4,16) Die Liebe besteht nicht nur darin, dass wir lieben und geliebt werden, sondern darin, dass wir in der Liebe sind. In uns ist eine Quelle der Liebe. Die Erfahrungen, die wir mit der Liebe machen, die Erfahrung von Erfüllung und Enttäuschung, von Verzauberung und Verletzung, wollen uns aufbrechen für die Quelle der Liebe, die in uns strömt und die letztlich unabhängig davon ist, ob uns nun ein Mensch liebt oder nicht. Auf dem Grund unserer Seele strömt die Quelle der göttlichen Liebe. Sie versiegt nie. Wenn wir daraus trinken, dann dürfen wir manchmal die Erfahrung machen, dass wir Liebe sind, dass die Liebe alles in uns und um uns herum durchströmt. Dann erleben wir uns wirklich wie im siebten Himmel.

ANSELM GRÜN

Das Leben und seine Deutung

Jede Deutung, sofern sie die Freiheit des Menschen nicht verletzen soll, muss dem Leben und der Realität abgerungene Deutung sein. Sie kann also nicht am Anfang einer Situation stehen. Sie kann nicht geschehen unter Absehung der Wirklichkeit und auf Kosten der Realität. »Der Sinn des Lebens ist das Leben« und nicht hauptsächlich seine Deutung. Da aber Leben und seine Deutung sich kaum einmal völlig decken außer in den seltenen Augenblicken des vollkommenen Gelingens, bleiben Zögern, langsame Sprache und der Zweifel produktive Momente des Sinnes.
Ich muss wissen, was ich tue, wenn ich spreche, dass ich »in Gottes Hand« bin. Ich muss wissen, welchen Realitäten ich ins Gesicht schlage, wenn ich einen solchen Satz sage.

FULBERT STEFFENSKY

Schicksal und Vertrauen

Schicksal – etwas, das uns geschickt oder mitgegeben ist, gibt es das wirklich? Und von wem geschickt? Auch wenn diese Fragen wohl nie sicher zu beantworten sind, wenn unser Schicksal und unser Geschick letztlich ein großes Geheimnis bleiben, haben wir doch ein Gefühl für Schicksal, vielleicht sogar Angst vor ihm. Erfährt man Lebensgeschichten, staunt man immer wieder über ein ganz bestimmtes Schicksal, das sich in diesem Leben abzeichnet. »Werde, der du bist« ist eine Aufforderung, die seit Pindar an uns ergeht und die jeden Einzelnen immer wieder fasziniert: Leben als Möglichkeit, der zu werden, der man ist. Leben als Anspruch, der zu werden, der man ist (…)

Vertrauen kann man bekanntlich nicht fordern, zu vertrauen beinhaltet auch immer ein Risiko: Wenn ich alles wüsste, dann müsste ich nicht vertrauen. Schon die Märchen zeigen immer wieder, dass es sich lohnt, das Risiko auf sich zu nehmen, weil es bewirkt, dass unser Leben lebendiger wird, dass Aspekte, die zu uns gehören und durch Sicherungstendenzen ausgegrenzt werden, integriert werden können. Leben ist Risiko – und letztlich bleibt uns gar nichts anderes übrig, wenn wir lebendig leben wollen, als in dieses Risiko einzuwilligen, immer wieder, im Rahmen unserer Möglichkeiten, uns auf das Leben einzulassen und auf das Schicksal zu vertrauen.

VERENA KAST

Unsere Aufmerksamkeit bewusst auf das Positive lenken

Bei allem, was uns persönlich betrifft, nehmen wir die Realität nicht objektiv wahr. Vielmehr wird das für uns wirklich, worauf wir unsere Aufmerksamkeit richten, und diese Aufmerksamkeit ist Interessen-geleitet.

Wir müssen unsere Aufmerksamkeit bewusst immer wieder auf das Positive lenken. Das haben wir nämlich weitgehend in der Hand. Ich kann daran denken, was mir heute am Anderen gefallen hat, oder ich kann das unter den Tisch fallen lassen und mich nur bei dem aufhalten, was mir an ihm auf die Nerven gegangen ist. Es ist ein wichtiger Teil der Lebens- und der Beziehungs-Kunst, die Ausrichtung der Aufmerksamkeit auf das Positive zu trainieren. Das braucht es, denn aus Erfahrung weiß man, dass sich das Negative »von selber« aufdrängt. Es braucht als Gegengewicht die bewusste Aufmerksamkeits-Steuerung. Das Positive, das so wieder stärker in den Vordergrund tritt, muss dem Anderen auch mitgeteilt werden, es muss zum Anderen »rüberkommen«. Es genügt nicht, es im Herzenskämmerlein zu hegen und zu pflegen. Erst wenn es beim Anderen auch ankommt, wird es zur gemeinsamen Beziehungsrealität. Wir schaffen unsere Beziehungsrealität zu einem Gutteil selber. Nicht nur dadurch, dass

wir unsere Aufmerksamkeit in eine bestimmte Richtung lenken, sondern vor allem durch
das, was wir kommunizieren, miteinander
teilen.

HANS JELLOUSCHEK

Beten und Kämpfen

Ich glaube, dass Beten und Kämpfen sehr
nahe beieinander sind. Die allzu friedlichen
Gebete öden mich immer an. Wenn Sie an
einen Menschen denken, den Sie lieben und
der in Gefahren ist, dann wissen Sie vielleicht
etwas von diesem Ringen um das Leben eines
Menschen. Mit dem dunklen Gott um das
Leben eines Menschen zu ringen, beten, dass
dieser Mensch nicht stirbt oder dass er nicht
wieder zur Flasche greift, nicht wieder zur
Nadel, dass er nicht fortfährt in dieser Selbst-
zerstörung, die wir manchmal an den Menschen neben uns beobachten. Heil ihn doch,

Gott, nimm ihn doch heraus. Es gibt Situationen, in denen wir tatsächlich nichts anderes mehr tun können für einen Menschen, als unsere Liebe so auszudrücken, dass wir für ihn beten und Gott bitten, ihn oder sie frei zu machen, frei. Dass dieser Mensch aus der Verzweiflung herauskommt. Ich glaube, dass wir das alle kennen. Und ist es nicht wahr, dass wir mehr beten, wenn wir mehr lieben? Umso mehr wir lieben, umso mehr erkennen wir die Schutzbedürftigkeit eines Kindes, eines Menschen, der sich in den Straßenverkehr begibt, eines, der eine Reise macht und eines, der all diese großen Lebensreisen macht, von denen ich eben gesprochen habe. Ich glaube, dass wir mehr beten, wenn wir mehr lieben. Dann wissen wir genauer, was der andere Mensch braucht. Wir werfen uns Gott in den Weg. Wir »nötigen« Gott, wie die Juristen das nennen. Beten und Kämpfen gehören zusammen, aber auch, wenn wir nur beten, dann ändert das etwas. Ich glaube das immer mehr, obwohl ich nicht daran glaube, dass Gott von oben herunter Hokuspokus inszeniert. Aber ich glaube, dass das Gebet eine geistige, seelische Kraft ist, die etwas vor Gott bringt, und es ändert sich etwas. Der Segen geschieht. Eines Tages erkennen wir diesen fremden unbekannten Dämon, der uns überfällt, als den Gott, der uns liebt, der bei uns und in uns sein und wohnen will in unserem Herzen und nicht nur in der Kirche, sondern hier, wo wir selber lernen, denken und fühlen.

DOROTHEE SÖLLE

Träume weisen den Weg

Lassen sich Krisen, Chancen und Entwicklungsaufgaben der jeweiligen Lebensstufe und die Art und Weise der Lebensübergänge an Träumen erkennen? Lebensübergänge treten nicht einfach nach dem Kalender ein, obwohl sich auch bei der Feier der »runden Geburtstage« entsprechende Gefühle des Übergangs einstellen können. So viel lässt sich gleich zu Anfang sagen: Diese Schwellen kündigen sich sogar untrüglich in unseren Träumen an, vor allem in den Emotionen, die mit ihnen verbunden sind. Träume werden dadurch zu Wegweisern in ganz prägnantem Sinn.

Träume lehren uns immer wieder staunen über das innere Wissen unserer Psyche, über ihr Ahnungsvermögen und ihr Vorauswissen von der symbolischen Bedeutsamkeit unseres Entwicklungsweges. Sie erst lehren uns überhaupt, dass es einen Entwicklungsweg, einen inneren Fahrplan des menschlichen Lebens gibt, dessen Phasen und Rhythmen unserer Psyche eingestiftet zu sein scheinen. Dies zu erfahren ist für viele tröstlich und schafft Vertrauen in die größeren und tieferen Zusammenhänge unseres Lebens. Wenn ich mit 30 oder auch 50 Jahren in eine Krise meiner bisherigen Identität, meines bisherigen Lebensverständnisses gerate, heißt das nach dem Verständnis der Analytischen Psychologie gerade nicht, dass ich eine labile Persönlichkeit wäre, sondern darin zeigt sich vielmehr meine Offenheit und meine Durchlässigkeit für die objektiv anstehenden Umbrüche, für den Anstoß und den Aufruf der Psyche zur Weiterentwicklung.

INGRID RIEDEL

Wozu sorge ich?

Gott ist mein Hirte,
mir wird nichts mangeln.

Er weidet mich auf einer grünen Aue
und führt mich zum frischen Wasser.

Er erquickt meine Seele.
Mein Weg ist ohne Gefahr,
denn er selbst ist es,
der mich leitet.

Und wanderte ich im finstern Tal,
fürchte ich kein Unheil,
denn du bist bei mir.
Du gibst mir Frieden.

Du deckst meinen Tisch
in deinem Haus,
in das kein Feind mir folgt,
keine Schuld und kein Fluch.

Du machst meine Seele rein
und schmückst mich festlich.
Der Becher, den ich trinke,
fließt über von erfrischendem Trank.

Mit Güte und Freundlichkeit
umgibt mich Gott, solange ich lebe,
und ich habe Wohnrecht in seinem Haus,
jetzt und in Ewigkeit.

PSALM 23

Die liebevolle Haltung

Für die liebevolle Haltung bekommt alles Seele, bekommt alles einen Wert in sich. Sie ist achtsam und darauf aus, alles, mit dem sie offen in Beziehung tritt, zu mehren und auszuweiten. In der liebevollen Haltung geben wir uns, wagen wir uns aus einer Position der Fülle, in der wir nicht horten müssen. Die liebevolle Haltung lässt den andern frei. Sie ist zärtlich in einem umfassenden Sinne. Ihre Gebärden sind das Umarmen und Wieder-Loslassen, das Streicheln – mit Worten, mit Händen, mit Augen.

Die liebevolle Haltung ist offen zum Emotionalen hin, der Wahrheit des Herzens verpflichtet und durchaus bereit, Unstimmigkeiten – auch aggressiv – anzusprechen.

VERENA KAST

Erfülltes Leben

»Leben«, das ist nicht bloßes Vegetieren, nicht gerade noch Überleben, nicht dieses permanente Ersticken, als das wir das Leben oft erfahren. Leben, das ist, wie wenn eine Mutter ihre Tochter anlacht und fragt: Bist du glücklich? Oder wie wenn ein Schuljunge auf seinem Fahrrad nach Hause fährt und die Arme vom Lenker in die Luft hebt. Wenn wir von der Auferstehung von den Toten sprechen, dann meinen wir dieses mögliche, erfüllte Leben. »Solches habe ich euch geschrieben, auf dass ihr wisst, dass ihr das ewige Leben habt, weil ihr an den Namen des Sohnes Gottes glaubt« (1 Joh 5,13). An den Namen des Sohnes Gottes zu glauben bedeutet so viel wie von dem bürgerlichen Namen dieses Menschen Jesus aus Nazareth überzugehen zu dem ewigen Namen, Christus, dem Namen, den wir alle tragen. Es bedeutet, wieder zu wissen und neu zu erfahren, dass dieses Leben eines armen Mannes, dieses Leben in Kampf und Leiden die Wahrheit ist auch für unser Leben. Nichts endete, als er zu Tode gefoltert wurde; alles fing erst richtig an. Das nennen wir Auferstehung.

DOROTHEE SÖLLE

❋

Mitten im Sturm

Die Situation des Seesturms ist typisch für unser menschliches Leben. Die Schifffahrt auf stürmischer See wurde von den frühen Kirchenvätern als Bild für unser zerbrechliches und gefährdetes Leben gesehen. So eine Situation schildert uns Markus in seinem Evangelium (Mk 4,25–41). Nach der großen Seerede vom Boot aus verabschiedet Jesus die Leute und gibt den Befehl, an das andere Ufer, das heidnische Ufer zu fahren. Es ist Abend geworden. Wenn Markus vom Abend und von der Nacht spricht (opsias), dann meint er immer die Nacht der dämonischen Bedrängnis.

Hier zeigen sich die Dämonen, indem sie die Naturkräfte gegen die Jünger aufbringen: »Plötzlich erhob sich ein heftiger Wirbelsturm, und die Wellen schlugen in das Boot, so dass es sich mit Wasser zu füllen begann.« (Mk 4,37) Es ist schon erstaunlich, dass Jesus trotz dieses Sturmes und dem Schaukeln des Bootes hinten im Boot auf einem Kissen liegt und schläft. Jesus muss schon einen gesunden Schlaf gehabt haben, dass er vom Lärm der Wellen und vom Brausen des Windes nicht aufwachte. Vielleicht hat Markus auch mehr das Vertrauen Jesu im Blick, der sich von solchen Gefahren nicht beeindrucken lässt. Schlafen ist ja immer auch ein Symbol für das Ruhen in Gottes Händen. Mitten im Sturm ruht Jesus in Gott. Das ist ein Bild, wie wir die Stürme unseres Lebens überstehen können.

ANSELM GRÜN

Für jeden Tag

Gegen niemand
einen Vorwurf festhalten.
Niemand anklagen
für vergangene Dinge.
Von niemand
Dankbarkeit fordern.
Wenig von aller Leistung halten,
der eigenen vor allem,
und lächeln über den Stolz,
der nicht loslassen will.
Allabendlich allen Streit beenden.
Es ist wenig Zeit.
Nichts Ungeordnetes
durch die Tage schleppen.
Anderen mit leichter Hand
ihre Schuld vergeben
und das eigene Versagen
erkennen.
Und danken
für den gemeinsamen Frieden.

JÖRG ZINK

Die wichtigsten Dinge im Leben

Beim König Anushiraran trafen sich drei Weise zu einem Empfang; ein Weiser aus Indien, ein Philosoph aus Griechenland und der Groß-wesir Bozorgmehr.

Das Gesprächsthema war:
»Was ist das Härteste der Dinge im Leben?«

Der Inder sagte:
»Körperliche Krankheit und viel Kummer.«

Der Grieche sagte:
»Alter und Schwäche mit Mangel und Armut.«

Die Antwort von Bozorgmehr lautete:
»Wenn man sich dem Tod nähert und es feh-len gute Taten.« Alle stimmten den Worten des Großwesirs zu.

NOSSRAT PESESCHKIAN

Am Schluss führt alles ins Licht

Der moderne Mensch steht gewöhnlich im Morgengrauen auf, im Sommerhalbjahr sogar bei hellem Licht. Sein Tagesverlauf bewegt sich aus dem Licht in die Dämmerung und dann in die Nacht hinein, und schließlich sinkt er erschöpft in den Schlaf. Nicht wenige tun es sogar betäubt von Alkohol, Drogen oder Zerstreuung; vielleicht schlafen sie vor dem flimmernden Fernseher ein und wanken später hinüber in ihr Bett. Mir scheint, im Unbewussten lagere sich dadurch das Empfinden ab: So verläuft die Kurve des Lebens, jeden Tag und auch durch meine acht oder neun Lebensjahrzehnte hindurch: aus dem Licht in die Nacht, und am Schluss sinke ich erschöpft nieder und es ist zappenduster. Das prägt das Lebensgefühl und vielleicht sogar eine Art von elementarem Glauben, oder richtiger Unglauben: dass am Schluss alles in einem schwarzen Loch ende.

Im Kloster war der Verlauf genau umgekehrt: Man vollzog jeden Tag leibhaftig die Bewegung aus der Nacht durch das Aufdämmern des Lichts hinein ins volle Licht mit – und dieses Licht war der Endpunkt. Bis in die Knochen erfasste es einen: Am Schluss führt alles ins Licht.

Das ergab ein ganz eigenes Lebensgefühl. Abends legten wir uns nicht völlig erschöpft und halb bewusstlos ins Bett, in einer Art von Kapitulation, sondern wir ließen uns wach und vorsätzlich zu dem Zeitpunkt los, den wir in Freiheit gewählt hatten, und vertrauten uns dem Schlaf an. Wir waren auf ihn in der letzten Gebetszeit, der Komplet, mit entsprechenden Bildern und Texten eingestimmt und konnten den Tag zuversichtlich ablegen, im Gefühl, an einem ruhigen Punkt angekommen zu sein und aufhören zu dürfen.

Ist ein wichtiger Grund, aus dem viele Menschen das Zu-Bett-Gehen allabendlich möglichst weit hinausschieben, nicht vielleicht die Unfähigkeit, den Tag loszulassen? Die Angst, etwas zu versäumen, die irrationale Gier, noch möglichst viel herauszuholen, auch wenn es vielleicht alles nur Banalitäten und flimmernde Bilder sind?

Es ist ein kostbares Erlebnis, jeden Tag als Bewegung des Aufwachens zu erleben statt des Ermüdens. Noch heute kommt mir jeder Tag, an dem ich erst bei Licht aufstehe, wie ein Baum ohne Wurzeln vor.

BERNARDIN SCHELLENBERGER

Kapitel 6

Einstimmen in das große Ja zum Leben

Wählt das Leben

»Wählt das Leben« setzt voraus, dass es »Leben« in diesem emphatischen, unbedingten Sinne gibt und dass es gewählt, ergriffen oder verworfen und verfehlt werden kann. »Ich nehme Himmel und Erde heute über euch zu Zeugen: ich habe euch Leben und Tod, Segen und Fluch vorgelegt, dass du das Leben erwählest und du und dein Same leben mögest« (5 Mose 30,19).

Das Leben wählen gegenüber dem Tod heißt einstimmen in das große Ja zum Leben. Im biblischen Kontext bedeutet es: am Leben bleiben und sich vermehren, was beides in Ägypten bedroht war; es bedeutet: im Lande wohnen, gesegnet sein, Frieden haben.

Wir neigen dazu, das Leben zu bejahen unter bestimmten Umständen, bei gegebenen Konditionen, zum Beispiel wenn es jung, gesund, schön, leistungsstark ist. Das Ja, das im emphatischen biblischen Sinne gemeint ist, ist ein unbedingtes Ja, das etwa auch in Krankheit und Sterben gilt, das vor allem auch denen gilt, die sich selber als ohne Würde, als verneint so lange erfahren haben, dass sie sich damit abgefunden haben.

Das Leben wählen ist gerade die Fähigkeit, sich nicht abzufinden mit der selbstverständlichen Zerstörung von Leben, die uns umgibt, und mit dem selbstverständlichen Zynismus, der uns begleitet.

Das Leben wählen ist das, was in der christlichen Tradition »Glauben« genannt wird, im existenziellen Sinn von Vertrauen, nicht im rationalen von Fürwahrhalten.

»So sollst du denn, damit du und deine Nachkommen am Leben bleiben, das Leben wählen, indem du Jahve, deinen Gott, liebst, seiner Stimme gehorchst und ihm anhängst! Denn das ist dein Leben und die Dauer deiner Tage, damit du in dem Lande wohnen bleibst, das Jahve deinen Vätern Abraham, Isaak und Jakob zugeschworen hat, ihnen zu geben« (5 Mose 30,19 f.)

DOROTHEE SÖLLE

Die Welt ist allezeit schön

Im Frühling prangt die schöne Welt
In einem fast smaragdnen Schein.

Im Sommer glänzt das reife Feld
Und scheint dem Golde gleich zu sein.

Im Herbste sieht man als Opalen
Der Bäume bunte Blätter strahlen.

Im Winter schmückt ein Schein, wie Diamant
Und reines Silber, Flut und Land.

Ja kurz, wenn wir die Welt aufmerksam sehn,
Ist sie zu allen Zeiten schön.

BARTHOLD HEINRICH BROCKES

Das Quaken der Frösche

Der heilige Benno hatte die Gewohnheit, regelmäßig zu beten. Einmal, als er gerade die Felder der Bauern segnen wollte und ganz in seinem Gebet vertieft war, störten ihn die Frösche. Sie quakten so laut und aufdringlich, dass Benno ärgerlich zu Gott rief: »Lass sie doch mit dem Gequake aufhören, damit ich in Ruhe beten kann.« Gott erfüllte seinen Wunsch. Die Frösche schwiegen. Benno wollte weiterbeten, aber er spürte, dass jetzt etwas nicht stimmte, er konnte sich keineswegs besser konzentrieren als vorher. Er überlegte: Ist es gerecht, dass ich das Quaken der Frösche nicht haben wollte, hat Gott nicht alles in der Natur geschaffen und auch den Fröschen ihre Stimme gegeben? Ist nicht auch das Quaken der Frösche ein Lobgesang auf Gott, den Schöpfer des Lebens? Er blieb stehen und dachte nach. Dann sprach er zu Gott: »Verzeih mir meine Intoleranz, du Lebendiger, und lass die Frösche wieder quaken. Ihr Quaken und mein Gebet werden zusammen deine Größe preisen.« Und sogleich hörte man wieder die Musik der Frösche.

DETLEF WENDLER

✦

Glück durch das Wohl-Wollen für alle

Was macht Menschen glücklich? Was macht mich glücklich? Wie werde ich glücklich? Wenn ich allen Menschen zugewandt bin, allen gleichermaßen. Zugewandt heißt nicht, dass ich sie alle emotional liebe. Sondern dass ich ihnen zugewandt bin mit Achtung und einer geistigen Liebe. Dass ich ihnen zugewandt bin im Gehen mit einer schöpferischen Bewegung, die hinter allem wirkt, die allem gleichermaßen zugewandt ist. Anders kann ich mir das nicht vorstellen.

Wenn ich jemanden von meiner Zuwendung ausschließe, verliere ich mein Glück. Wie kommt es, dass jemand einen anderen ausschließt? Wenn er sich besser fühlt. Alle, die sich besser fühlen, schließen jemanden aus. Alle, die jemanden negativ beurteilen oder verurteilen, schließen ihn aus. Diese Überheblichkeit kommt aus der Moral. Diese Überheblichkeit geht so weit, wenn man das mal durchdenkt, dass die aus Moral Überheblichen sagen: »Der darf leben, und der nicht.« Ist das nicht ungeheuerlich, diese Anmaßung hinter der Moral? Aber glücklich sind diese Moralischen nicht. Ganz bestimmt nicht.

Das Glück kommt aus der Zuwendung. Diese Zuwendung ist eine lebenslange Leistung und Übung. Sie ist die eigentliche Lebensleistung. Sie ist im Grunde nichts anderes als Wohl-Wollen für jeden.

BERT HELLINGER

Freude, Anerkennung
und Respekt

Die Freude, das Interesse am anderen Menschen, die Anerkennung, der Respekt und die Aufmerksamkeit – all das sollten wir in menschlichen Beziehungen immer wieder einbringen. Nicht nur die Kritik, nicht nur das Schweigen. (Nichts gesagt ist genug gelobt – so heißt ein Sprichwort in der Schweiz.) Das heißt nicht, dass man mit anderen Menschen immer einverstanden sein muss, der Widerspruch wird gerade dann konstruktiv und fordert zu Kreativität heraus, wenn er in einer akzeptierenden Atmosphäre erfolgt – und nur dann.

VERENA KAST

Herr, ich preise dich

Herr, ich preise dich.
Du bist der Morgen und der Abend,
der Anfang und das Ende der Zeit.
Dir danke ich für die Stunden
im Licht eines neuen Tages.
Leib und Seele sind dein,
von dir ist alles, was geschieht.

Herr, Jesus Christus, du Licht der Welt,
du bist der Weg, den ich heute gehe,
du bist die Wahrheit, die mich leitet,
du bist das Leben, das ich finde.
Gib mir deine Liebe,
dass ich dich wiederfinde in den Menschen.
Gib mir Geduld und Gelassenheit
und bewahre mich in deiner Liebe.

Herr, du schöpferischer Geist,
wecke meine Sinne und Gedanken,
gib mir Fantasie und Klarheit,
ein empfindliches Gewissen,

das rechte, helfende Wort
und das sorgsame Tun,
dass ich etwas Nützliches schaffe
und dieser Tag nicht verloren sei.

JÖRG ZINK

Der Tod als Macht,
die uns wandelt

Die Begegnung mit dem Tod, diesem Extrem-
fall des Verlusts, kann uns den Blick schärfen
für unsere alltäglicheren Begegnungen mit
dem Tod, sei es, dass wir uns verändern müssen, sei es, dass wir Verluste hinnehmen müssen. Der Tod ist nicht ein einmaliges Ereignis,
er ragt immer schon ins Leben hinein, fordert
immer schon Veränderung. Die abschiedli-
che Existenz ist die Antwort darauf. Zum ab-
schiedlichen Existieren gehört das Wissen um
die Geschichte, die wir haben, um unsere in-

nerste Identität, das Wissen darum, dass es auch für uns Erlebnisse von Ganzheit, von Kontinuität gibt in Symbiose mit etwas Transzendentem; das Wissen schließlich, dass wir der Vergänglichkeit die schöpferische Gestaltung entgegensetzen können.

Aber auch bei unseren alltäglicheren Begegnungen mit dem Tod scheint mir das Trauern wichtig zu sein. Wir unterschätzen sonst seine Wichtigkeit und unsere Verletzung. An der Emotion der Trauer, so paradox es klingt, können wir »gesunden«, denn sie bewirkt Wandlung. Wir können den Tod sehen als jene Macht, die uns ständig antreibt, uns zu wandeln. Der Gedanke der Wandlung kann ein faszinierender Gedanke sein, aber der Preis der Wandlung ist Trennung, ist Verlust. Wenn wir das übersehen, findet kaum Wandlung statt: denn nur die Emotion der Trauer bewirkt Wandlung, lässt wirklich Abschied nehmen und macht den Menschen dadurch bereit für neue Beziehungen.

VERENA KAST

Ein Turban bringt keine Weisheit

Ein Mann, der des Lesens nicht mächtig war, kam zum Dorfgelehrten, brachte ihm einen Brief, der auf Hebräisch geschrieben war, und bat ihn, den Brief seinem Onkel vorzulesen.

Der Gelehrte sah sich das Schreiben an und sagte zu dem Mann: »Ich kann die Schrift nicht lesen.«

Erstaunt schaute der Mann auf den großen Turban des Gelehrten und sagte: »Wenn du nicht lesen kannst, brauchst du auch keinen so großen Turban zu tragen.«

Geduldig hörte sich der Gelehrte diese Vorwürfe an, nahm den Turban vom Kopf, setzte ihn sanft auf den Kopf des Mannes und sagte zu ihm: »Wenn der Turban auf dem Kopf einem die Fähigkeit gibt, alle Sprachen zu lesen, dann lies du deinen Brief selber.«

NOSSRAT PESESCHKIAN

Weisheit

Der Weise stimmt der Welt zu, so wie sie ist, ohne Angst und ohne Absicht.

Er ist versöhnt mit der Vergänglichkeit und strebt nicht über das hinaus, was mit dem Tod vergeht.

Er behält den Überblick, weil er im Einklang ist, und greift nur ein, soweit der Fluss des Lebens es verlangt.

Er kann unterscheiden: geht es oder geht es nicht, weil er ohne Absicht ist.
Die Weisheit ist die Frucht von langer Disziplin und Übung, doch wer sie hat, der hat sie ohne Mühe.

Sie ist immer auf dem Weg und kommt ans Ziel, nicht weil sie sucht. Sie wächst.

BERT HELLINGER

Was ist der Mensch?

Herr, unser Herrscher,
wie herrlich, dass du da bist,
dass wir in deinen Händen wissen
Himmel und Erde!

Aus dem Lobpreis der Schwachen
und der Hilflosen baust du eine Mauer,
an der deine Feinde scheitern.

Wenn ich den Himmel sehe,
das Werk deiner Finger,
den Mond und die Sterne,
die du geformt hast –
was ist der Mensch,
dass du an ihn denkst,
was ist das Kind eines Menschen,
dass du es lieb hast?

Du hast ihm fast die Würde
eines himmlischen Wesens gegeben.

Mit Schönheit und Adel
hast du ihn gekrönt.

Du gabst ihm den Auftrag,
Herrscher zu sein über alles,
was du geschaffen hast.

Alles legtest du ihm zu Füßen:
Schafe und Rinder
und die wilden Tiere überall,
die Vögel unter dem Himmel
und die Fische im Meer
und was immer im Meer sich bewegt.

Herr, unser Herrscher,
wie herrlich, dass wir dich kennen.

Wie gut, dass du da bist!

PSALM 8

An die Sternen

Ihr Lichter, die ich nicht
    auf Erden satt kann schauen,
Ihr Fackeln, die ihr Nacht
    und schwarze Wolken trennt,
Als Diamante spielt
    und ohn Aufhören brennt,
Ihr Blumen, die ihr schmückt
    des großen Himmels Auen,

Ihr Wächter, die, als Gott
    die Welt auf wollte bauen,
Sein Wort, die Weisheit selbst,
    mit rechten Namen nennt,
Die Gott allein recht mißt,
    die Gott allein recht kennt:
Wir blinden Sterblichen,
    was wollen wir uns trauen!

Ihr Bürgen meiner Lust!
    wie manche schöne Nacht
Hab ich, indem ich

euch betrachtete, gewacht?
Herolden dieser Zeit,
   wenn wird es doch geschehen,

Dass ich, der euer nicht
   allhier vergessen kann,
Euch, derer Liebe mir steckt
   Herz und Geister an,
Von andern Sorgen frei
   werd unter mir besehen?

ANDREAS GRYPHIUS

Welche drei Dinge auf eine einsame Insel mitnehmen?

Es gibt die bekannte Übung, man solle sich überlegen, welche drei Dinge man auf eine einsame Insel mitnehmen würde. Die Übung soll uns daran erinnern, was wir zum Leben wirklich brauchen. Viele werden sagen, dass sie zum Leben vor allem Gesundheit brauchen – oder Zufriedenheit oder Dankbarkeit oder Liebe. Je mehr wir über diese Frage nachdenken, umso klarer wird uns werden, dass nur wenig nötig ist, um wirklich leben zu können. Der eine nimmt die Bibel mit, weil er in ihr die ganze Weisheit der Welt entdeckt und weil er darin Gottes Wort liest und im Lesen und Meditieren Gott begegnet als dem, der ihn liebt und sein Leben trägt. Der andere nimmt die Bilder seiner geliebten Frau und seiner geliebten Kinder mit. Die Erinnerung an diese Menschen wird sein Leben erfüllen und ihm Sinn geben. Er wird sich immer wieder voller Dankbarkeit an die Menschen erinnern, die ihn lieben und die er liebt. In der Erinnerung wird er in Berührung kommen mit der Liebe, die in ihm ist. Die Erinnerung wird sein Leben erfüllen mit dem Geschmack der Liebe. Was brauchen Sie, um wahrhaft und erfüllt leben zu können?

ANSELM GRÜN

Es liegt in Eurer Hand

Im Orient lebte ein alter weiser Mann. Er war beliebt im ganzen Lande, und wann immer einer seiner Mitmenschen Sorgen hatte, ging er zu ihm, um Rat zu holen. Denn der alte weise Mann konnte aus einer reichen Lebenserfahrung schöpfen und gab stets guten Rat. Dies wiederum machte einige seiner Mitbürger neidisch, die selbst gern für klug und weise gehalten worden wären. Sie beschlossen, dem alten Mann eine Falle zu stellen. Aber wie?

Nach längerem Nachdenken kam man auf folgende Idee: Man wollte ein winziges Vögelein fangen, es dem alten Mann in der geschlossenen Hand präsentieren und ihn fragen, was sich in der Hand befinde. Sollte der alte Mann wider Erwarten die Frage richtig beantworten, so würde er mit Sicherheit an einer weiteren Frage scheitern, nämlich der, ob es sich bei dem Vögelein um ein lebendes oder ein totes handele. Würde er nämlich sagen, es handele sich um ein lebendes, so könne man die Hand zudrücken, und das Vögelein sei tot. Würde er hingegen sagen, es handele sich um ein totes Vögelein, so könne man die Hand öffnen und das Vögelein wegfliegen lassen.

So vorbereitet erschien man vor dem alten weisen Mann und fragte ihn wie zuvor besprochen.

Nach einiger Überlegung antwortete der alte weise Mann auf die erste Frage: »Das, was Ihr in der Hand haltet, kann nur ein ganz winziges Vögelein sein.«

»Nun gut«, sagten die Neidischen, »da magst du recht haben, aber handelt es sich um ein lebendes oder ein totes Vögelein?«

Der alte weise Mann wiegte seinen Kopf eine Weile hin und her, schaute dem Frager dann in die Augen und sagte: »Ob das, was Ihr in der Hand haltet, lebt oder tot ist, das liegt allein in Eurer Hand.«

NOSSRAT PESESCHKIAN

Quellenverzeichnis

Die Bibel. Neu in Sprache gefasst von Jörg Zink. © Verlag Kreuz GmbH, Freiburg 2008.

Clemens Bittlinger, HabSeligkeiten. Eine Anleitung zum Glücklichsein. © Verlag Kreuz GmbH, Freiburg 2009.

Gerhard Engelsberger, Von Achtsamkeit bis Zuversicht. 200 thematische Gebete für den Gottesdienst. © Verlag Kreuz GmbH, Freiburg 2009.

Walter Flemmer, Jeder braucht seine Wüste. Einladung zu einer spirituellen Reise. © Verlag Kreuz GmbH, Freiburg 2009.

Anselm Grün, Freude weite dein Herz. Verlag Kreuz GmbH, Freiburg 2006.

Anselm Grün, Ich finde dich gelungen. © Verlag Kreuz GmbH, Freiburg 2009.

Anselm Grün, Jesus. Wege zum Leben. Die Evangelien des Matthäus, Markus, Lukas und Johannes © Verlag Kreuz GmbH, Freiburg 2005.

Anselm Grün, Vom Zauber des Augenblicks. © Verlag Kreuz GmbH, Freiburg 2009.

Anselm Grün, Vom Zauber des Lebens. © Verlag Kreuz GmbH, Freiburg 2009.

Anselm Grün, Vom Zauber der Liebe. © Verlag Kreuz GmbH, Freiburg 2007.

Anselm Grün, Vom Zauber der Muße. © Verlag Kreuz GmbH, Freiburg 2008.

Ulrich Hagenmeyer, Das Ziel ist der Weg. Auf dem Jakobsweg nach Santiago de Compostela. © Verlag Kreuz GmbH, Freiburg 2003.

Bert Hellinger, Glück, das bleibt. Wie Beziehungen gelingen. © Verlag Kreuz GmbH, Freiburg 2008.

Bert Hellinger, Natürliche Mystik. Wege spiritueller Erfahrung. © Verlag Kreuz GmbH, Freiburg 2008.

Bert Hellinger, Vom Himmel, der krank macht, und der Erde, die heilt. Wege religiöser Erfahrung. © Verlag Kreuz GmbH, Freiburg 2009.

Hans Jellouschek, Verena Kast, Hildegunde Wöller, Liebe und Glück im Märchen. Wie Paare aneinander wachsen können. Verlag Kreuz GmbH, Freiburg 2008.

Hans Jellouschek, Märchenhaft lieben. Verlag Kreuz GmbH, Freiburg 2008.

Roland Kachler, Meine Trauer wird dich finden. Ein neuer Ansatz in der Trauerarbeit. © Verlag Kreuz GmbH, Freiburg 2005.

Verena Kast, Mit Leidenschaft für ein gelingendes Leben. Ein Lesebuch. © Verlag Kreuz GmbH, Freiburg 2008.

Verena Kast, Paare. Wie Phantasien unsere Liebesbeziehungen prägen. © Verlag Kreuz GmbH, Freiburg 2009.

Verena Kast, Trauer. Phasen und Chancen des psychischen Prozesses. © Verlag Kreuz GmbH, Freiburg 1999.

Verena Kast, Vom Vertrauen in das eigene Schicksal. Der Teufel mit den drei goldenen Haaren. © Verlag Kreuz GmbH, Freiburg 2001.

Verena Kast, Wenn wir uns versöhnen. © Verlag Kreuz GmbH, Freiburg 2005.

Verena Kast, Wie man wirklich reich wird. Ali Baba und die vierzig Räuber. © Verlag Kreuz GmbH, Freiburg 2009.

Dietrich Koller, Das Thomasevangelium. Ein spiritueller Begleiter. © Verlag Kreuz GmbH, Freiburg 2008.

Nossrat Peseschkian, Glaube an Gott und binde dein Kamel fest. Warum Religion unserer Seele gut tut. © Verlag Kreuz GmbH, Freiburg 2008.

Nossrat Peseschkian, Wenn du eine hilfreiche Hand brauchst, so suche sie am Ende deines eigenen Armes. Orientalische Weisheitsgeschichten für den Alltag. © Verlag Kreuz GmbH, Freiburg 2008.

Ingrid Riedel, Träume weisen den Weg. Verlag Kreuz GmbH, Freiburg 2009.

Ulrich Schaffer, Grundrechte. Ein Manifest. © Verlag Kreuz GmbH, Freiburg 2009.

Ulrich Schaffer, Schönheit. Die Sprache des Herzens. © Verlag Kreuz GmbH, Freiburg 2007.

Bernardin Schellenberger, Die Stille atmen. Leben als Zisterzienser. © Verlag Kreuz GmbH, Freiburg 2005.

Dorothee Sölle, Gesammelte Werke. Band 1: Sprache der Freiheit. Herausgegeben von Ursula Baltz-Otto und Fulbert Steffensky. © Verlag Kreuz GmbH, Freiburg 2006.

Dorothee Sölle, Gesammelte Werke. Band 5: Wählt das Leben. Herausgegeben von Ursula Baltz-Otto und Fulbert Steffensky. © Verlag Kreuz GmbH, Freiburg 2007.

Dorothee Sölle, Fulbert Steffensky, Löse die Fesseln der Ungerechtigkeit. Predigten. © Verlag Kreuz GmbH, Freiburg 2004.

Fulbert Steffensky, Feier des Lebens. Spiritualität im Alltag. © Verlag Kreuz GmbH, Freiburg 2009.

Detlef Wendler, Was du suchst, das hast du schon. Eine Anleitung zu heilsamer Spiritualität. © Verlag Kreuz GmbH, Freiburg 2007.

Hildegunde Wöller, Musik der Erde. Irische Segenswünsche. © Verlag Kreuz GmbH, Freiburg 2007.

Jörg Zink, Das Geschenk eines jeden Tages. Ein Jahresbegleiter. © Verlag Kreuz GmbH, Freiburg 2005

Jörg Zink, Dein Geburtstag sei ein Fest. © Verlag Kreuz GmbH, Freiburg, 2001.

Jörg Zink, In dir sein, Gott, ist alles. Gebete. © Verlag Kreuz GmbH, Freiburg 2009.

Jörg Zink, Jesus. Funke aus dem Feuer. © Verlag Kreuz GmbH, Freiburg 2008.

Jörg Zink, Mehr als drei Wünsche. © Verlag Kreuz GmbH, Freiburg, 2004.

Jörg Zink, Vielfarbiger Dank. © Verlag Kreuz GmbH, Freiburg, 2002.

Jörg Zink, Was bleibt, stiften die Liebenden. © Verlag Kreuz GmbH, Freiburg, 2008.

Textnachweis

Bibliografische Information der Deutschen Bibliothek
Die Deutsche Bibliothek verzeichnet diese Publikation in
der Deutschen Nationalbibliografie;
detaillierte bibliografische Daten sind im Internet über
http://dnb.ddb.de abrufbar.

Alle Rechte vorbehalten
Umschlaggestaltung: Atelier Georg Lehmacher, Friedberg
Umschlagmotiv: © Georg Lehmacher
Gestaltung: Atelier Georg Lehmacher, Friedberg
www.lehmacher.de
Herstellung: freiburger graphische betriebe, Freiburg

ISBN 978-3-7831-3389-9